拒绝情感鸡汤

用左脑和右脑思维

赢得爱情

经营爱情

真真切切把握爱情

向左看
向右爱

胡飞宇 著

思维里的
恋商必修课

天津出版传媒集团
天津人民出版社

图书在版编目（ＣＩＰ）数据

向左看，向右爱 ： 思维里的恋商必修课 / 胡飞宇著
. -- 天津 ： 天津人民出版社 ， 2022.1
ISBN 978-7-201-17947-6

Ⅰ . ①向… Ⅱ . ①胡… Ⅲ . ①恋爱心理学－通俗读物
Ⅳ . ① C913.1-49

中国版本图书馆 CIP 数据核字 (2021) 第 262172 号

向左看，向右爱：思维里的恋商必修课
XIANGZUO KAN,XIANGYOU AI:SIWEI LI DE LIANSHANG BIXIUKE
胡飞宇 著

出　　版　天津人民出版社
出 版 人　刘　庆
地　　址　天津市和平区西康路 35 号康岳大厦
邮　　编　300051
邮购电话　（022）23332469
电子信箱　reader@tjrmcbs.com

责任编辑　玮丽斯
策划编辑　肖　博
特约编辑　卢　毅
营销编辑　卢　毅
装帧设计　小　鱼

制版印刷　北京联兴盛业印刷股份有限公司
经　　销　新华书店
开　　本　1000 毫米 ×1400 毫米 1/32
印　　张　7.5
字　　数　110 千字
版次印次　2022 年 1 月第 1 版　2022 年 1 月第 1 次印刷
定　　价　42.00 元

自 序

终于要将多年帮助到他人的经验与感受写成有温度的文字了，内心无比期待和兴奋。

最近这些年，我经历了许多事情，有趣的、痛苦的、开心的、难忘的，我常常在思考我人生的意义，如果要用一个词来形容我的前半生，也许"创造"这个充满想象的词更贴近我所期望的生命意义，"创造"代表从无到有，从小到大，从拥有期待到付出行动再到开花结果，往往是蕴含无限能量而又饱含深情的。

这本书也是我生命意义的一部分，创作它使我的生命更完整，让我的情感更丰盈。我希望用我的创造真真切切地来帮助那些渴望生命更有意义的人，而爱情是打开这扇"意义之门"极其重要的一把钥匙。

我的爱人和我的朋友往往会将我比喻成哆啦A梦，仿佛任何艰难险阻在我那无比奇妙的口袋面前都不算什么，我也会坚持不断地从口袋中创造出更新、更有魔力的神器，解决一切爱情问题。

我来说说写这本书的初衷吧。

第一，我希望把从事情感咨询行业数年的经验总结成一部逻辑清晰、概念完整、可读性强并且足够系统的书作为我生命中的重要里程碑。

第二，爱情是生命情感中最有张力和影响力的一种情感，对个体的幸福、家庭的完整和社会的和谐都有极其重要的意义，所以我希望这部书能帮助所有处在爱情困惑当中的朋友，让他们能够把握爱情，赢得幸福人生。

第三，我在情感咨询行业数年，深知遇到复杂的情感问题时，靠单一的解决方法和解决方案是远远行不通的。

比如有两对不同类型的情侣：一对事业型，共同创业打拼；一对文艺情侣，爱好画画弹琴。如果这两对情侣发生矛盾，针对他们情侣之间的问题就要有不同的解决方案，不可以一概而论，然而市面上非常多的情感类书籍又是以偏概全的，既找不到问题，也做不到"对症下药"。我在这本书中提出的这些概念与方法基本可以解决不同类型情侣或者夫妻遇到的各类问题，所有理念皆为经验之谈，希望可以帮助每一对灵魂伴侣。

在感情失败的时候，大多数人往往会将原因归结为"不合适""没缘分"，对于这样的说法我持保留意见。我认为，任何情感只有愿不愿意，而没有合不合适。如果愿意，即便前方是刀山火海，也会鼓起勇气闯过去；如果不愿意，即使近在咫尺，也不会更进一步。

古往今来，"爱情"这两个字总是被反复地提及，在每个文明的长河中都有着无数感人的、激烈的、柔软的或者是温馨的情感故事，但是听多了，就有些俗套了。爱情两个字变得越来越普通，也越来越难以撩动我们的心弦。但其实爱情是高尚无比的，像甘露，像阳光，给予我们必须又特殊的能量，促进我们生长。我想这就是为什么千百年来爱情总是被歌颂的原因，因为它不只是简单的荷尔蒙分泌，更多的是让我们能够体会到一种非常炽热的内心波动，不同于友情的绵长，也不同于亲情那因为血缘而带来的羁绊。

　　智者说："如人以手，指月示人，彼人因指，当应看月"，在本书中，理论与实际操作是带领我们寻找甘露和阳光的工具，能够帮我们找到情感中最温暖和柔软的角落——理解和尊重。

　　这一套理论和操作就是基于理解以及尊重之上循序渐进的，我相信如果按照我的理念去处理与爱人或者与他人的关系，透彻了解对方并且不断完善自己，你的收获将是前所未有的。不要觉得去学习爱情的经营与方法就是不真诚，就不是发自于内心的爱。我有一句话想要送给你：为了爱情，基于理解和尊重的方法都是可以接受的。特别说明的是，本书内容仅仅代表我本人的观点和理解，不可以偏概全，当然，也欢迎你和我讨论。

胡飞宇

2021年5月

目 录
CONTENTS

第1章

你真的了解最亲密的人吗？

大脑与爱情

男友在跟你说"亲爱的，以后我养你"和跟你说"宝贝，我今晚加班别等我"（其实是和同事玩去了）的时候，你能听出哪句真，哪句假吗？

女友推开你说"你走吧，我再也不想见到你"或跟你撒娇说"亲爱的，我离不开你"的时候，你又能听出哪句真，哪句假吗？

你现在的男友到底有多爱你，他说的话有多少是真的？你女友为什么动不动就生气，动不动就过度解读你的话？女友为什么总是很"作"？男友为什么会爱上别人？女友到底是看重你这个人还是你的条件？怎样让自己的爱情更顺利？结婚后老公为什么变得越来越无趣？怎样轻松化解在感情中遇到的矛盾？

几乎所有处在恋爱或者婚姻中的朋友，可能都为以上这些问题中的一个或者几个苦恼过，爱情听起来是一件很美妙的事情，浪漫得不得了，而只有深入其中的人才知道，爱情这两个字究竟会带来多少烦恼。

但是在面对这些苦恼的时候，你有没有想过，到底是什么样的原因导致这样的结果？为什么这样的问题会出现在你的感情中，而没有出现在其他人的感情中呢？

从逻辑学和心理学来看，人的行为都是由当下的想法所决定的，往上追溯，想法会受到这个人所面对的环境、人和事以及自我的一些思维方式的影响，从而产生各种化学反应。

我们来假设一下，如果能够了解对方在什么样的场景、什么样的情况会产生什么样的想法，那么是不是我们就可以通过这些变量去影响他的想法呢？如果能够摸清楚对方的想法，是不是就可以影响到对方的行为，让对方做出你所期待的行动呢？

思维方式决定处理问题的方式，逻辑上来讲，人的左脑和右脑的功能是不同的，左脑控制语言、行动、数字分析、逻辑推理等功能；右脑控制音乐、绘画、空间、几何、想象等功能，那么显然数学家的左脑更发达，思考方式更加严谨，而艺术家的右脑更发达，思维多是发散的。

假设我们拿一座雕塑放在两人面前，虽然看到的东西是一样的，但是数学家考虑的问题可能是雕塑的整体比例是否符合黄金分割，或者是一些其他的数学问题，而艺术家可能会去关注雕塑的弧度是否具有美感，或者是雕塑想要传达的意义等。

其实爱情也是如此，特别是爱情中关于相处的部分，每个人都会有自己的思维方式，有自己看问题的角度，而这些显然也同样受左右脑控制，所以了解左右脑分区运作的规律就可以让你轻松读懂爱情语言。

在之后的内容里，我将用最浅显易懂的文字来解读你遇到的问题以及背后的规律，指引你通往幸福的方向。

20世纪，美国心理生物学家斯佩里博士通过著名的"割裂脑"实验，证实了大脑不对称性的"左右脑分工理论"。

这个实验是这样的：斯佩里博士和他的学生分别切断猫和猴子的两个脑半球之间的全部联系，经过恢复期之后，他们发现这些动物仍能很正常地运动与生活，而且左脑和右脑是完全独立进行活动的，彼此不知道对侧半球的活动。

这是一个很重要的实验，它证明了动物的左右半脑分别掌管不同的功能，会带来非常不同的思维模式，当然，人类也是如此。

从这个角度出发，在两性相处中，既然有不同的思维模式，就存在着不同的应对方法，那么如何读懂对方，如何与对方更好地相处，其实是可以用左右脑不同的思维方式来分析、解决的。

就比如一个右脑思维的艺术家，如果你在和他相处时，总是运用逻辑、数据来和他沟通交流，这肯定会让他崩溃。但是反过来，如果你用天马行空的语言和他分享世界名画带给你的感受，这样他会有相当舒适的感受。

关于爱情的经营，市面上很多情感书籍往往都会不断强调要懂得爱，学会爱，体会爱，等等。

这样的"鸡汤"很好，但是"爱"这个东西，并不是你想懂就可以懂的，因为你生命中出现的每一个人都是如此的不同：有不同的性格，不同的表达方式，你需要有途径，需要有方法才能够真正"懂爱"，而这些途径与方法许多人是不了解的，这就是为什么我说美好爱情比钻石更珍贵的原因。

你要记住，懂得爱是一个非常宽泛的词，需要因人而异，不是"一碗鸡汤"就可以解决的。

如果"一碗鸡汤"就可以解决，那么这个世界上就不会出现这么多为爱痴狂的人了，聪明的人不会以为"喝了鸡汤"就可以拥有美好的爱情，因为他们懂得增强自身关于爱的能力的同时，更需要先了解对方需要的是怎样的爱，因为爱情不是一个人的事情，而是两个人之间的一种动态平衡。

每个人的思维方式不同导致需求不同，我创立这套方法论之初就是为了解决这个问题，让不同的人都能够在感情中切实地找到对方的思维模式，并且满足对方的需求，围绕爱情变量产生可操作的可能，而不是写长篇心灵鸡汤使你的恋爱观更加模糊，阅读的时候感觉自己学到了很多，一放下书，却又不知道该怎么办了。

对于情感中的问题，我一贯是更侧重于解决办法，因为说再多的理论，问题没有解决，都是无用的，所以这是一本你拿来就可以用的工具书，而不是泛泛而谈的理论，希望可以帮到你。

人的情感可简单分为两类：一种左脑情感型（理性思维类型）；一种右脑情感型（感性思维类型）。

这两种类型几乎可以囊括两性关系中所有人的思维方式，理解了左脑和右脑就好似拿到一把万能钥匙，让你彻底开启伴侣的内心世界，看懂他们每个眼神，听懂他们每句话，让你在爱情和婚姻中如鱼得水。

对于这两种思维方式，很多人会有这样的想法，觉得男人是左脑思维，女人是右脑思维，这其实是一种刻板印象。实际上，一个人的思维方式与性别并没有多大的关联，人的思维方式往往受到外部环境、基因、经历等多重影响。

比如说俄国历史上唯一一个被称为"大帝"的女人叶卡捷琳娜二世，她在位时因治国有方、功绩显赫，使俄罗斯成为名副其实的欧洲最强大的国家，其才干与名气也闻名海内外，这样的她肯定不是主要靠右脑思维的人。

所以，现在抛开大脑中的刻板印象，和我一起来用思维方式这把钥匙，打开感情幸福的大门。

为了方便理解和消化，我会使用大量真实案例来配合我的理论。我希望你把它当作课程，慢慢学好每一章的内容，学习过程中不要着急，看完每一小节都回顾一下自己的感情经历，将自己及伴侣的情况带入，为彼此的思维类型做一个简单的划分，再在实践中操作，一定会收获意想不到的惊喜。

1.用左脑思考

为什么你优秀的男友最终抛弃了你？

小顾和小丹是一起生活两年多的情侣，感情稳定。

小顾以前是个土里土气的小胖子，为了让自己更加健康，他坚持健身，非常自律，渐渐拥有了八块腹肌。他对时间的规划井井有条，工作一丝不苟，可以说，小顾是一个非常优秀的男人。

而女友小丹长相出众，是那种在人群中很有辨识度的颜值，五官立体，肤白唇红，笑起来还有好看的梨涡。

两个人郎才女貌，是周围朋友都羡慕的一对。

两人在一起后，小顾依旧努力向上，工作与生活安排得井然有序，对于小丹这个女朋友，他很喜欢，所以他希望与小丹共同进步，一起解决工作中的困难，一起享受运动带来的健康生活，一起走到人生的终点。

有一个这么优秀的男友，作为他的女朋友当然会备感压力。为了跟上小顾的步伐，小丹努力地和他保持同频，好好工作，陪他健身，保持好自己的身材，那时候小丹还真像打了鸡血一样，"逼"自己优秀，一切只为了她眼中的这个男人，为了美好的未来。

但是，随着时间的推移，两人在一起越久，本性就暴露得越多，特别是一年后两人同居的那段时间。

住在一起之后，两人关系愈发稳定，这让小丹开始放松，慢慢懈怠，开始不社交、不运动，休闲活动就是宅在家里看剧打游戏。

小顾有时候也会表示出不满，觉得小丹变了，但小丹认为只要我把你的生活照顾好就行，其他方面你不要管我，所以，她并没有因为小顾的抱怨而做出任何改变。

小丹长期处在这样的状态中，让小顾很痛苦，他以为自己找到了爱情，小丹和其他女人是不一样的，她理解自己，两人的步伐可以同步，可以共同为彼此的未来奋斗，但同居之后却发现现实和自己想象中的大相径庭。

三番五次建议无效之后，小顾毅然决然地提出了分手，小丹惊慌失措，这才意识到问题的严重性，却为时已晚。

从这个案例来看，小顾的放手似乎来得很轻易，特别是站在小丹的角度来看，就是因为自己的状态和同居前有一些差别，小顾就选择了分手。

小丹感觉特别委屈，把自己的经历跟几位闺密说了，大家一致认为，人无完人，谁还没有缺点啊，肯定是同居之后慢慢没有新鲜感了。这种男人就应该及时放手，下次再遇到男人，一定要擦亮眼睛，别一味付出了。

或许这样的经历你曾经遇到过，或者听到过，如果你是小丹，你会觉得小顾这样的男人是"渣男"吗？

不少情侣都有莫名其妙被分手的经历，这个时候几乎所有人都会有些不甘心，拼命去回想分手的原因。

比如是不是对方在外面有人了？是不是对方变心了等。很少有人会反思自己的问题，似乎把责任推给对方，自己就可以得到救赎。

比如这个案例中小丹就一直想不通小顾为什么要分手，她漂亮，会照顾男方的生活，这不就是很多男人想要娶的贤惠、漂亮的妻子类型吗？

她开始怀疑自己爱错了人，也在心里怨恨对方无情无义，也会想小顾是不是有了新欢故意抛弃了她？

总之，小丹就和许多被分手的人一样，习惯性地将责任推给对方，来平复自己因为被甩而产生的一些怨念。

后来小丹找到了我，经过小丹提供的信息与我的分析，我们确定，男方没有劈腿的可能。那么，接下来我们一起来看看，到底是什么原因让小顾放弃了自己漂亮、贤惠的女朋友。

漂亮就不会被甩？

很多人的意识里，都觉得男人会为女人的美貌买单。可事实并非如此，男人也没有这么肤浅，从小顾和小丹的案例中，我们就可以窥见一斑。

既然这样，我们不妨换个角度来看。

从思维方式的原理来分析，这个案例中小顾明显是个偏理性思维的男人，努力上进是他的主要标签，他的意愿是另一半能和自己共同成长，保持良好积极的状态，他不需要一个花瓶一样带出去好看的女人，也不需要只照顾他生活的保姆类型的女人。

他认为努力工作，有良好经济条件后完全可以花钱解决生活上的问题，他期望的另一半是一个能够和他达到精神共鸣的女人，两人思想同步，有共同语言。

我问小丹："在你们后期相处过程中是不是他对你的话越来越少？明明心中有各种不满，但是却不愿意跟你说？"

小丹沉默着点头。

像小顾这样的男人是典型的"理性思维"的人，他所有的想法都是基于现实价值。这种类型的人在选择婚姻对象时，外表对于他们来说没那么重要，这也可以解释为什么他愿意放弃漂亮的小丹。

很多"直男"也都是理性思维类型，之前在一个论坛上看到一个男人给自己的女朋友买马桶刷作为礼物，还在帖子中扬扬得意地表示，这是最新版本的，比女朋友之前用的好多了。

在他的眼里没有好看，只有实用。这也就是为什么那么多直男不愿意给女朋友或者老婆买钻戒，因为在他们看来，这就是一个花了大价钱但是非常无用的东西。不实用就等于没价值，就等于即便另一半喜欢，也不想买。

当然，还有很多事业有成的男人也是属于这个类型，他们注重效率，恨不得一天能把一年的钱都赚了，看似风度翩翩，但是相处之后，你会发现，这部分男人眼里只有工作，一点儿也不懂浪漫。

在选择另一半的时候，他们也更倾向于对自己有帮助的女人，无论是事业上的，还是生活上的，漂亮的外表对于他们来说是生活的调剂，但是他们通常不会为漂亮的外表买单。

也就是说，恋爱的时候他们可能会找漂亮的女人，但如果结婚的话，肯定是找对自己有帮助的女人。

接下来，我们来看看这类型的人到底有着怎样的思维方式，我们又该怎样去戳中他们的内心，抓住他们的软肋。

什么是"理性思维"？

人类是靠左右脑来进行日常思考和做决策的，在亲密关系中，我们处理彼此关系的时候也一样要了解对方的思维逻辑。

上个故事的主人公小顾就是以理性思维为主导的人，这类人更看重对方给到自己的现实价值，他们逻辑思维和理解能力很强，讲规矩，重责任，不太愿意表达自己内心真实的感受。

大部分时候，他们是比较理性的，包括在感情中，他们也会习惯性地用理性思维方式来处理问题。

小顾努力工作是为了未来更优越的环境，他需要的爱情是彼此互相促进的爱情。他提出分手也并不能说他是没有担当、无情无义的男人，只是小丹给的爱渐渐偏离了他最初的诉求。

很多人会觉得理性主导的人很冷血，因为他们非常清楚自己要什么，他们直性子，很实际，一旦发现事情偏离了自己的预期，并且很难纠正，就会毫不犹豫地抽身。

像小丹这样只是在生活上为小顾"下些毛毛雨"，经济上和思想上都不能给予他任何帮助，她外表的美，对于小顾来说就是空中飞翔的蝴蝶，看起来很美，却脆弱得不堪一击，经不起任何风雨。

对于目标是星辰与大海的小顾来说，这样的伴侣就是自己的累赘，所以在发现小丹没有办法改正的情况下，果断选择了分手。

理性思维的女性也不少，我们再来看一个相亲的例子：

莎莎和小刘约好今晚七点半在咖啡厅见面。

第一次见面，男方小刘先到，这是个年收入在40万左右的32岁男性，身高175厘米，长得还算端正，从事软件开发行业，喜欢阅读和运动。

5分钟后莎莎到了，莎莎是个外表干练的女生，职业装，短发下的瓜子脸小巧可人，精致的妆容透着对生活的一丝不苟。

见到小刘后，莎莎简单寒暄了几句，便开始不明显地打量小刘的衣着，莎莎能准确判断他这身行头的价格，包括他手上的表。同时，在进咖啡厅前看到小刘停车后，留意了一下车的品牌。

你是不是认为碰上了一个拜金女？别急，听听对话。

小刘：“你好莎莎，你今天很漂亮，平时有什么爱好吗？”

莎莎：“在不工作的时候会花点儿时间炒炒股。”

小刘：“你看书吗？”

莎莎：“看的基本是财经方面和功能性强的书，工作能用得到。”

小刘：“我喜欢文学类的，很喜欢村上春树的书，推荐你看《挪威的森林》，很有意思的一本书。”

莎莎：“说实话我对这种文学类型的书不是很有兴趣，刘先生从事什么工作呢？"

　　小刘："软件开发。"

　　莎莎："那可以聊聊你的工作吗？我之前没有接触过这样类型的男生。"

　　聊到这里，我们大概知道了刘先生希望多了解莎莎的爱好，平时喜欢看什么书，喜欢哪种类型的运动，从一些软性的爱好着手，增加彼此的了解，而莎莎希望更多地了解小刘的工作性质，显得特别现实。

　　从这驴唇不对马嘴的对话可以看出，这是一场注定会失败的相亲，正所谓"道不同不相为谋"，两人的思想追求完全是两个层面的。看得出来，小刘是个渴望追求精神层面的男人，而莎莎是典型的理性思维，她更注重实际带来的价值。

　　你是不是认为这种女人应该避而远之？一旦某个女人表现出"现实"的特质，大多数声音就会叫嚷"也太现实了吧，一点儿人情味都没有""拜金女之典型""太现实的女人不能碰"。

　　其实当我们用自己的思维方式去批判别人的思维方式时，就已经误入歧途了，我的这一套理论就是期望能够把你从这样的歧途中拉出来，无论是在爱情中还是在生活中，都学会针对不同的人用不同的思维方式去看待。

　　比如莎莎和小刘两人的这种情况，其实就和一个人喜欢吃苹果，一个人喜欢吃梨，没有什么本质差别。你喜欢吃苹果，也别去批判喜欢吃梨的人，别人的爱好，我们无权干涉更谈不上品头论足。

所以你看无论追求精神层面的爱情，还是物质层面的爱情，这只是两种不同的选择而已，每个人产生愉悦的"点"不同，那么需求就会不同。

相亲的过程就是一个筛选过程，去筛选与自己匹配的另一半，在这个过程中，莎莎没有任何错误，如果莎莎的相亲对象也是一个理性思维的男性，那么两人的交流将无比顺畅。

女人对物质的欲望会吓到你吗？

这个案例中莎莎心思缜密，首先了解对方的车、衣着、工作、收入等能带给自己实际价值的东西，这类型的人是理性思维占主导。对于更注重精神层面交流的刘先生来说，莎莎显然不是他的选择。

在当今社会，对于莎莎这种女人，大众的态度也比较负面，许多人都带有偏见，其实直接表明自己目的的女人要透明许多，一旦对方能够匹配她们的要求，很少会"闹各种幺蛾子"。

相当多因为怕被别人扣上现实帽子的女性不敢表露自己真实的一面，从而收起对物质渴求的锋芒，会造成许多假象和误会。这个世界上钱这么重要，有谁不爱呢？

当然也存在那种完全靠感觉，可以不在意现实价值的女人，但是我们都知道，一个人和另一个人在一起，一定会图些什么。

既然不图这些偏现实的东西，那么就是其他的一些东西，比如优越的外貌、幽默的性格、良好的品性、出众的才华、坚韧的内心，而这些东西往往是不能直观看到的，也没有办法清晰地表达，然后就只能归结为两个字——感觉，具体是什么感觉呢？不知道，总之就是要看感觉。因为不知道，所以你没有办法改变。

假设你喜欢一个女人，如果她是现实的，那么你至少知道她的核心诉求是什么，比如想要更好的生活条件，你可以去为之努力；但如果她一点儿也不现实，也说不清自己喜欢什么样的，那么你同样会很难得到她，因为创造感觉这件事情，并不比赚钱来得容易，这一点，在之后的章节我会讲到。

回到我们的主题，以理性思维为主导的人，大多数是直接表明自己需要的，比如莎莎，但这并不代表他们就是只看重物质的人。

莎莎在家里是个孝顺的女儿，因为小时候家庭条件不好，所以她希望未来的生活能衣食无忧，但她也不是一个不讲付出只讲索取的人。

她从国内知名院校毕业后在金融公司上班，工作一直很努力，也取得过优异的成绩，和同事朋友相处得也很不错，是个对事负责、对人友善的女孩，在物质方面，她自己有房有车，所以期望另一半也能够和自己在同一条水平线上。

理性思维的人在刚与人接触时，大部分都会习惯性地去了解直观的并且对自己来说有价值的东西，但并不能因此就说这类型的人就是拜金或者想不劳而获，只是这一类人知道自己想要什么，并且在感情中同样去贯彻自己的想法而已。

就像莎莎一样，针对这一点，你要慢慢深入对方的生活才能真正全面地认识对方。

所以，我其实不太赞成那些把女性物欲化的论调，人与人在一起，需求是多样化，所谓物欲也只是其中的一项需要而已。

对于理性思维的人，该怎么去爱？

从思维方式出发，理性思维的人似乎总是冷静得可怕，无比理智，目标感超强，感性思维的人可能很难想象该怎样去和他们谈情说爱。

其实，只需要思考：理性思维的人需要什么价值，当下和长远分别看重什么，你如何参与或者提供。搞明白这些，问题就可以迎刃而解。

理性思维模式的人，只是更看重现实价值，更相信自己的判断会带给自己的利益，但这只是这类型人在亲密关系中的思维方式，并不能代表他们就是一个功利或者自私的群体。

这一点非常重要，因为大多数理性思维方式的人在要求他人做到某一点的时候，也会同样按照这样的方式来要求自己，因为，公平原则是刻在理性思维的人骨子里的信仰。所以，当你满足他们的价值需要时，对方一定会适当回馈你的。

左脑情感型的女人具有男士们认为非常难得的优点："不作"。

那么"作"又是怎么回事呢？如果去看这类女人的原生家庭，你会发现，她们的成长经历都比较顺利，没有经历太多的挫折，所以难免任性一些，还有一部分会迈入"作"的范围，这一类女人喜欢不断考验男人的底线，以此证明对方对自己的爱。在我多年的从业经验里，相当多的爱情都是死于无时无刻、随时随地的"作"。

我有一位学员，就叫她小橙吧，作为家中的独女，从小就是要风得风，要雨得雨。恋爱之后，面对男友时，同样习惯性地占据高位，一有不顺心的地方，就开始"作"。

某天半夜，她突然想要吃小龙虾，于是打电话给男友，让他马上去给自己买小龙虾。恰巧那段时间，她的男友项目压力特别大，接到女友电话，听到这么无理取闹的要求，什么都没有说，直接挂了电话。

这一下不得了，捅了马蜂窝，小橙一直不停地打电话，直到男友受不了关机。

男友这样的行为让小橙气到崩溃，决定和男友冷战。

第二天，看到男友打来的电话，小橙正在气头上，坚决不接。让小橙没有想到的是，男友直接通过微信发消息："我们分手吧。"

这就是一个女人"太作"引起的惨案。而左脑情感型的女人，她们很清楚自己要什么，能够控制自己的情绪，虽然没有太多柔情似水，但是她们不会莫名其妙地无事生非。

不"作"不代表她们不需要爱，那么面对理性思维方式的人，我们该用什么样的方式去表达自己的爱呢？

正确的方式是理解彼此存在的差异性，尊重对方的思维方式，了解对方的情感诉求，积极调整和完善自身不足，这才是通往健康和谐的亲密关系的桥梁。而过多挑剔和批评只会让亲密关系逐渐走向覆灭。

无论是初次见面还是相处很久的亲密恋人，如果我们不清楚对方的思维模式，那么你的判断往往与对方的真实需求偏差很大，你给的爱也往往是对方并不想要的，这是我一再强调的一点。

与以理性思维为主导的人相处，你不需要时时关心，随时随地给他打电话，照顾他的感受，但是你一定要让他真切地感受到你的价值所在，对自身要求越高，价值体现越是呈上涨姿态，对他来说就越有吸引力。

再细节一些，如果要让他能够清楚地感受到你的爱，那么你对他的爱是要实实在在体现出来的，比如和他分享工作上的成就，肯定他对你的帮助，共同努力进步，这些对他来说比你说有多爱他来得更加真切、有效。

但如果渐渐地他发现你对自身要求变低，开始不自律、不算话、得过且过时，你的自身价值对他来说会越来越低，这时候已经埋下了危机的伏笔。

对于理性思维的人来说，另一半懈怠就是危机的导火索。他没有办法忍受一个毫无想法或者得过且过的伴侣，因为他非常害怕被消磨掉斗志，也特别厌恶没有规划和目标的生活状态。在他们的逻辑里面，爱是彼此成就和分享，无他。

所以，对于另一半是理性思维方式，或者想要拿下理性思维对象的你来说，顺着对方的意愿与期望，规划好自己的生活，跟随对方一起成长和进步，就是最能够让他们感受到爱的方式。

你的成长对他来说是爱，你的价值提升对他来说是爱，你努力跟上他脚步的样子对他来说也是爱。

2.用右脑洞察

为什么你老婆总喜欢抱怨？

想必你听过不少关于女人无理取闹的剧情，有些女人"作"起来，真的让人难以理解，我们一起来看看这个故事。

彤彤和阿杰是一对结婚三年的夫妻。阿杰是我很好的朋友，前段时间，他找到我的时候愁容满面，精神萎靡。

在聊天的过程中，他不断地跟我倾诉婚姻生活的烦恼，最让他头疼又难以解决的问题就是他的妻子彤彤常常对他充满了抱怨。他回家后耳边总充斥着各种不满的声音，这让他极度不想回到那个曾经温暖的家。

对于这个问题，他尝试跟彤彤沟通，想搞清楚前因后果，试图改变这样的情况，但收效甚微。

在他们的沟通中，彤彤说的最多的就是"你一点儿都不理解我""我觉得你根本就不在乎我"等表达她个人感受的话，而阿杰会耐心地讲道理，告诉彤彤自己内心的真实想法，以及是什么原因导致彤彤觉得自己没有被在乎。

对于理工科出身的阿杰来说，这是他能够想到的最好的方法，毕竟一件事情只要讲明白了，误会也就不存在了。可事实上，无论阿杰如何努力，最后的结果都是彤彤的那句"你根本就不爱我"。如果换成你是阿杰，会不会觉得很抓狂？

但是呢，如果你站在彤彤的角度，会得出不一样的答案，现实生活中，很多男人都会觉得自己的女朋友或者老婆无理取闹、歇斯底里，觉得女人是一种非常难以理解的生物，无法交流。

实际上，这样的女人不是无法交流，而是两人的思维方式不同，阿杰不懂得彤彤要表达的意思，彤彤也听不明白阿杰的条条框框，两个人都没有进入到对方的思维框架中，在错误的时机中做出了错误的表达以及行为方式。

现在我来告诉你，像彤彤这样，总是将"你是否在乎我""我觉得""我认为"这些语句挂在嘴边、情绪容易波动的人，我将他们归结为以"感性思维"为主导的人。

所以，如果你的另一半总是习惯性地表达自己的情绪，但是沟通中并不会有那么清晰的逻辑，那么基本上就可以认定她是感性思维的这部分人。

当你没有进入到他们的世界之前，你会觉得他们话多、敏感、情绪化，而当你真正了解他们之后，你会发现一个完全不一样的新世界，让我们来看看如何走进这群人的内心世界吧！

什么是"感性思维"？

感性思维的人情感充沛，想象力丰富，看重的是当下营造的感觉和自己当下的感受，大多数时候做事喜欢凭直觉，渴望表达自己的感受，渴望被人关注和肯定。

想想你的另一半，或者身边的朋友是否有类似表现的？如果你想要赢得他们的喜欢或者理解，就牢牢记住这些表现，这对你在思考如何开启他们的内心时会有很大帮助。

大部分时候，他们活在当下，情绪来得快，去得也快。

彤彤就是典型的以感性思维为主导的人，她非常苦恼：为什么在我伤心的时候阿杰不安慰我、不心疼我，而总是在旁边跟我一板一眼地讲道理呢？真是没心没肺。

其实阿杰是以理性思维为主导的人，两个人在同样的场景和时间用不同的思维方式沟通是不可能产生效果的。

一个讲感觉，一个讲事实，这个就相当于你去跟一个逻辑混乱的人讲逻辑，跟一个情绪起来的人讲你要冷静，这是没用的。

如果阿杰想要解决和彤彤之间的问题，直接认同她的感受就好，这是重点。

提醒现在正在阅读的你，一定要记住，遇到感性思维方式的人，你不需要告诉她道理，也不需要帮她分析利弊，要做的就只是认同她的感受。

比如，当她说："亲爱的，我今天被老总批评了，他说我工作很多方面没有做好，我感觉他就是在为难我，其他人没有做好，为什么他就盯着我批评，肯定是对我有意见。"

一般理性思维的人肯定会这样回答："老总批评你不一定是坏事，他提醒的错误可以帮助你成长，而且，他不批评别人，只批评你，肯定是你有没做好的地方。"

而这样的回答只会让感性思维模式的人爆发——我这么难受，你还站在老总那边，你究竟是不是跟我一伙的！

实际上，她们想要的回答是这样的："就是，老总真的好过分，这么多人犯错，就只盯着你。不要生气了，今天晚上带你去放松一下，安慰安慰你受伤的小心脏。"

对于感性思维方式的人来说，对错不重要，他们的感受才是最重要的。

那么从这个角度出发，我们就可以得出更多感性思维方式的人的特征了。

我们先来看两个场景：

场景1：王先生和小冰是情侣，约好星期天去逛商场。逛街的时候，王先生因为接了一个莫名的电话，小冰便起疑心和他发生了争执。争执持续了一会儿，小冰在这时正好看到了一件心仪的衣服，果断停止争论，注意力被这件衣服转移而全然忘却刚才发生的争执。

场景2：王先生在一个周末准备了一次特别的约会——带小冰去玩密室逃脱和桌游狼人杀。因为是第一次玩，小冰觉得很新鲜，体验感也非常好，所以她对王先生的安排很满意。但王先生下一周再带她去玩同样的游戏时，她却不开心了。

为什么小冰这样让人捉摸不透？

实际上，小冰也同样是以"感性思维"为主导的人。和"感性思维"的人一起生活，生活情趣和生活品质是非常重要的，如果他们认为和你的生活不够有趣和新鲜，他们会主动去寻找新的刺激。

在从事情感咨询十几年的时间里，我发现有出轨行为的，大部分都是以感性思维作为主导的人，因为他们需要找到让自己快乐的源泉，而且这个快乐的源泉很多时候是非常不理智的，仅仅是一种感觉。如果对方给不了，那就换一个人。听起来很荒诞，但这个就是他们的思考逻辑。

所以，如果你的另一半是感性思维模式的人，那么请务必要注重他们的感受，多去观察他所喜欢的相处方式。

一般来说，他们会用自己的感受来回馈好的相处，比如，他们会说，"我好喜欢这样的感觉""今天和你在一起特别舒服"等。

你不妨浪漫一点儿，千万不要嫌麻烦，两个人在一起开心快乐的感觉，就是对方想要的，最好制造更多的仪式感，杜绝一成不变的相处模式。

别偷懒，让生活充满仪式感，让他们能够感受到时时更新的你。

小心右脑情感型伴侣的过度解读

以感性思维为主导的人常常会对一些事情过度解读，从而产生怀疑、不安、抱怨的状态。他们需要的是认真倾听与同频感受，如果你一味强调事实和讲道理，就只会出现如下的情况。

你：我认为，这件事情还是你做错了，原因分别是……

对方：我觉得你根本就不爱我，不知道我想要的是什么。

你：你完全就是在无理取闹，不可理喻！

对于感性思维方式的人来说，他们追求新鲜感，对未知充满好奇，他们会因为无趣的生活闷闷不乐，会因为不好的感受离开对方。

如果你的亲密伴侣是感性思维，你能做的就是承认彼此思维的差异性，理解这类型群体的思维模式，而不要主观认为这样的人不负责任或是个玩家。

传统观点里，我们通常会认为女性是感性思维方式，其实，有相当一部分男性也是这样的思维方式。

如果你发现身边的男性在相处中也是右脑情感型，千万不要觉得奇怪，就像我们之前说过的一样，一个人的思维方式是由基因以及成长环境等因素共同影响的，所以对于感性思维模式的男性，你依然可以用前面讲到的方法尝试去理解他。

在这里，我想要和你分享一个普遍的"真理"：人与人之间都存在同样的"病症"，那就是会按照自己的思维模式去框架对方，习惯性地站在自己的角度理解所有事情，自己怎么舒适怎么来，在没有既得利益的情况下，很少有人会主动尝试去理解和尊重对方。

你认为自己买个鸡蛋是椭圆的，全天下的鸡蛋就必须是椭圆的吗？你知道鱼香肉丝里没有鱼，难道你的爱人就必须要知道？醒醒吧，你的认知世界和对方的认知世界的差别比你想象的还要大出不止一个宇宙。

指责和挑剔没有用的，那些被骂大的小孩更加易怒、不懂得控制情绪。批评只能将过多的负面情绪传染给对方，要么憋死自己，要么对方憋死你。

如果你的另一半正好是感性思维，多夸夸对方吧，夸对方的时候你嘴角上扬的样子你都不知道有多美，当然你也会有意想不到的收获。

需要不断强调的是，感性思维模式的人非常在意感觉和感受。

比如说热爱艺术或学习艺术的人大多也属于感性思维类型，某种意义上讲，和这样的人相处很有趣，你们交往和相处越长，你越会有刻骨铭心的感觉。

但是，如果你跟不上他的节奏，他会不假思索地离你而去。感性思维类型的人就是这么任性。不服气？那么继续我们的探索之旅，让我们用科学的方式去理解他们。

3.用科学判断对方的思维方式

别把你的伴侣想得太简单

到目前为止，我一直在和你探讨亲密关系中两种思维模式，现在，你可以跟着我的思路一起思考一下你现在的另一半是哪种类型。

不要着急，你可以先暂定一种类型，在下一章节中我会出题来帮你判断。

这个时候，你或许会说，感觉两种类型都有点像，不知道该怎么去判断。

确实如此，人原本就是非常复杂的生物。就拿我自己来说，有时候的想法连我自己都会觉得很奇怪，因为我本身就是个情感丰富的人。有时候觉得自己非常简单，可有时候自己复杂的那面会让自己都感到陌生，你们会有这种感觉吗？

在现实生活当中，我们的大脑要处理复杂的事物和人际关系，如果仅仅是以两种思维模式定义你的另一半，显然是不够的。

人的大脑运算是相当复杂的工程，人的情感当然也是复杂的，所以在现实生活中并没有单一思维模式的人。

理性的人拥有感性的一面，感性的人同样拥有理性的一面。

比如以理性思维作为主导的人，他为了达成自己的平衡，会用感性思维来作为补充决策。

同理，以感性思维作为主导的人，也会用理性思维来辅助决策。也就是当遇到问题时，你身体里面最少有两个人在打架，最后力气大的胜出，从而影响你最后的决策。

举个例子：

小文的男朋友是个工作狂，为人豪爽，处事果断，在和小文的恋爱中常常是直来直去的，很多时候难免让人觉得不解风情。

你看这种就是典型的理性思维类型，不过，他有时候虽然不太能理解小文一些小心思，但是也会在重要节日准备有仪式感的约会，送小文礼物，在小文生理期到来的时候为她熬红糖姜汤。

可见理性的人一样会有感性的一面。为什么呢？这里有一个很重要的概念，利己性原则和感知性原则。

虽然，小周本身是以理性思维为主的人，但是在这些特殊的场景下，他非常明白，这些行动可以让小文更爱自己，这个是利己，同时，因为自己很爱小文，也愿意做一些自己不常做的事情，这个是感知。

再比如浪漫派时期波兰著名的"钢琴诗人"肖邦，他的演奏风格内敛优雅，但是他同样创作了大量动听且风格敏感细腻的钢琴曲，与乔治·桑的爱情更是被传为佳话。

我断定他是以感性思维为主导的人，但在创作过程中对曲目构思的内在逻辑也体现出他理性的一面。

也就是说，人都是具有两种情感思维的，基于利己性原则和感知性原则的基础上，只是哪一方偏重而已。人在不同的场景，遭遇不同的事件，情感思维会发生变化。

之前我在给学员上课的时候，有一个学员告诉我，他在学了这一套理论的前面部分，也就是理性思维方式与感性思维方式的分类之后，尝试着在自己的感情中去判断对方的思维方式，并且采取相应的行为，觉得非常有用，但是有一次却出现了问题。

经过学员判断，他的女朋友是理性思维模式的人，所以在相处中，他就非常聪明地讲事实，摆道理，尽量不整虚的，那段时间，两人相处非常和谐。

但有一次两人约会，我这个朋友迟到了，女朋友大发雷霆，他向女朋友解释：老板留自己加班，这个项目真的很重要。往常，这样的解释很管用，理性思维模式的女朋友也很理解，但是这天，无论如何解释，女友都不接受，最后不欢而散。

这位学员很困惑，不是说对待理性思维方式的人，实事求是就好吗？为什么女友会出现这样的情况？

结合利己性原则和感知性原则来看，就很容易解释了。

因为，迟到导致对方的时间遭受损失，产生抱怨的情绪，此时此刻，感性思维更加能够表达自己的感受和情绪。人的思维都有两重性，虽然他的女朋友主要表现出的是理性思维方式，但在某些情况下，也会出现感性思维方式，并且表现出来。

所以，在学习这一套理论的时候，我期望你不要产生思维定式，确定某个人是某种思维方式之后，就觉得任何时候对方都会一直保持这样的思维方式。

实际上人都是复杂的，思维方式也会随着场景的变化而变化，你要学会根据对方在这一个时间段的表现，来判断具体的思维方式，至于如何判断，我会在接下来的章节中讲到。

如何判断对方是爱钱还是爱你？

对于事业有成的人来说，择偶并不是一件容易的事情，为什么这么说呢？

因为对于他们来说，很难判断一个人究竟是爱他们的钱，还是爱他们的人。这样的心理会让他们对一切接近自己的人产生防备心理，有的时候甚至会因此错过真爱。其实回归到原点，用左脑思维和右脑思维来进行判读是可以立即得出答案的。

到目前为止，我讲过了左脑情感型的人更加看重现实价值，而右脑情感型的人更加看重感觉，也就是情绪价值。

具体来说，左脑情感型的人看重的是你能够给他带来的收益，比如，能够帮助到他，能够和他共同进步等，而右脑情感型的人更加注重你们彼此相处过程中所传递的感觉，能够同理心他们的情绪。比如，对方喜欢你的陪伴，喜欢和你相处的方式等。

所以，你如果也有这样的困惑，不知道对方是看上你的人，还是看上你的钱或者是家庭背景，那么不妨回顾一下你们从认识到目前为止的相处经历，对方是更在意你付出的现实价值，还是更加在意你相处中传递的感觉。

稍微思考一下，你应该就立即有答案了，这个时候你可能会问我，如果对方是爱我的钱，那我该怎么办？直接放弃这段感情吗？

对于这个问题，我想告诉你的是，感情其实蛮复杂的，就如同每个人并不是单一的情感思维，每个人都有自己的主要思维和辅助思维，爱你钱的人，不一定不爱你的人，而爱你的人，也不一定就不爱你的钱。

其实，你需要做的只是问自己，你需要一个什么样的他以及你是否愿意为他付出他想要的价值。

站在我的角度来看，人与人之间无论是什么样的关系，价值需求平衡是关系稳定的基础。

为彼此创造价值，满足对方的价值需要，关系推进；彼此消耗对方的价值，单一索取，不愿意付出和满足对方的需要，关系停滞不前；当消耗突破一方的底线，某一方入不敷出的时候，关系出现危机。

所以，其实无论是爱钱也好，爱人也罢，都是对方的价值需要，你不能说爱钱的拜金，也不能说爱人的单纯，只是每个人价值需求不一样而已。

当你具备这样的价值，他也正好具备你想要的价值，而且你非常乐于付出，其实没有什么不可以，你觉得呢？

通过"三大价值类型"判断对方的思维模式

刚刚讲到彼此价值需求平衡是关系的基础，那么，如何判断对方需要的价值呢？

为了帮助你提升你的洞察能力，现在我们要进行一个测试：判断你的爱人是哪种类型。

在判断之前要先了解一下我们做出最终判断的依据——三大价值类型，分别是个性价值、特征价值和社会价值，只要了解这三大价值类型，并且把它套用在你的伴侣身上，就可以看出对方属于哪种类型，就可以轻松了解对方的思想和内心了。

拿出纸笔，准备好了？开始！

一、个性价值

先思考几个问题：

（1）你的伴侣是个不善于做决定甚至有点矛盾的人吗？

（2）他/她是否有自己独特的爱好，容易发现美的事物？

（3）他/她喜欢看电影或者听音乐吗？

（4）他/她是不是一个有情怀的人？

记下来你回答了几个"是"，如果回答有三个或以上的"是"，那基本可以判定你的爱人是感性思维方式的人。如果是两个，那么也是具有感性思维特质的，这就要看他哪种思维特质偏多，那就是以哪种特质为主的思维方式。

记住：追求"个性价值"的人属于右脑情感型（大部分时候他们比较感性）。

个性价值属于感性思维范畴，也就是说，渴求个性价值的人大部分是右脑情感型。

接下来我会给你详细讲讲什么是个性价值。我们知道每个人都是独立的个体，原生家庭和个人经历给予我们独一无二的性格特点，这些性格特点就像是我们的标签一样，每个人都有着自己独特的爱好、语言、审美观和对生活的理解，这就是个性价值。

追求个性价值的人往往具有很强的个人魅力，很容易吸引目光和注意力。爱上这样的人往往是被他这个人本身所吸引，和外界的其他事物并无太大关系。

举个例子，艺术家就是典型的追求个性价值的人群，当他们专注于艺术的时候，很容易散发出让人难以抵挡的魅力，这也就是为什么许多女人都容易被有艺术家气质的男人所吸引 。

除此之外，追求"个性价值"的人，大部分就是在追求精神层面的东西。比如爱好钢琴、茶艺、绘画、看书；渴望探索未知领域，在言谈举止审美情趣方面都期望自己是最特别的、与众不同的，这是他们毕生都在追求的东西。

大部分感性思维模式的人，都会希望自己在伴侣心中是独一无二的，是最特别的，是区别于其他人的存在。这部分人无论男女，都会常常明里暗里地向另一半确认，自己和前任哪个更好，哪个更有魅力，认为自己就是例外，自己得到的就是真爱。

当然，从事实来看，他并不一定比前任要好，但是作为伴侣，你一定要充分了解对方在感性思维方式下的需求与想法，认同他的个性价值。

比如你可以告诉他："前任是过客，你才是我心中的永恒""你在我心中是最特别的，任何人都比不过你。""你自己有多特别，难道你不知道吗？为什么要去和他比呢？"等，总之就是要戳到感性思维方式的那个点上。

二、特征价值

再来思考两个问题：

（1）你的伴侣在意自己的着装和形象吗？

（2）他/她喜欢追求名牌吗？

写下你的回答，我们将在讲完下一个价值后告诉你答案。

特征价值属于理性思维范畴，也就是说，喜欢追求特征价值的人大部分是左脑情感型。

什么是特征价值？简单理解，视觉化特征，你肉眼可以看见的，在对方身上呈现出来的。

特征价值高的人群，无论是男性还是女性，都会在意是否穿着得体，是否有着干净清爽的发型或妆容，是否有着和自己身份相匹配的必需品或修饰物。

他们希望让自己看起来更好、更精致，更能迎合社会与大众，渴望加强自己外在的视觉感召力去满足他人的视觉要求（比如追求名牌就是典型的加强外在视觉感召力的行为），用现在流行的语言来讲，他们致力于把自己打造成人群中最亮的那个。

同样的，因为特征价值给到人是非常直观的形象，是具备视觉冲击力的，对于理性思维的人来说，特征价值代表了他与其他人的不同，至少从外在来看就是如此，他也非常讨厌被人评价和讨论，骨子里面，理性思维的人喜欢与众不同，而不是泯然众人。这就是特征价值的一些外在表现。

三、社会价值

最后两个问题：

（1）你的伴侣是否努力工作并热衷追求权力或财富？

（2）他有刻意去打造自己的人际交往吗？

回答之后先记录下来，稍后我会详细讲解如何通过问题去判断。

社会价值和特征价值一样，属于理性思维范畴。追求社会价值的人大部分也都属于左脑情感型。

什么是社会价值？简单讲，就是社会对某个人的评价。

在现代社会，评价对于一个人来说非常重要，银行的评价会影响征信，领导的评价会影响升迁，而社会对于一个人的评价往往从这个人从事的工作、收入的高低、社会地位或者从身边的人际交往圈是否足够优质等方面来进行判断。

因此，社会价值高的人通常会勤奋努力，希望获得更好的工作机会；不断尝试各种方式提高自己的收入；一旦有空就去社交，认识更多对自己有用而优质的朋友，这些都是为了得到社会对自己更好、更高的评价。

现在我们来看特征价值和社会价值里提出的问题，一共四个，回答了几个"是"呢？如果有三个或以上的"是"，证明你的伴侣属于左脑情感型。

如果是两个，那么一样，他是有理性思维特质的。

我再强调一遍，判断一个人的思维方式，不能够只从个性价值出发，也不能只从特征价值和社会价值出发，要把这三种价值整合起来，共同分析，看对方哪种特质偏多，那就是以那种特质为主的思维方式。

记住：追求"特征价值"和"社会价值"的人属于左脑情感型（大部分时候他们比较理性）。

举个例子，我在个性价值四个问题的答案中，有三个"是"，在特征价值两个问题的答案中，有一个"是"，在社会价值两个问题的答案中，有一个"是"。

这其中，个性价值属于感性思维方式，所以我感性思维方式得分为3，而特征价值和社会价值属于理性思维方式，所以我理性思维方式的得分为"1+1=2"。

这样计算下来，可以得出，我是一个主感性思维方式的人。

如果回答理性思维方式和感性思维方式的得分相同，那么这两种思维方式是平衡的，也可以理解为，这个人理性思维和感性思维是很平衡的，也是很冲突的。

在面临一些重要决策的时候，他们很难立即做出最有利的选择，也是最纠结的。

简单解释这三种特征价值就是：

个性价值——追求自我（感性思维主导）

特征价值——追求外在（理性思维主导）

社会价值——追求地位（理性思维主导）

追求自我的大部分属于感情思维类型，他们有趣、善变。

而追求外在和地位的人大部分属于理性思维类型，他们实际、坚定、喜怒不形于色。

那么现在，你的伴侣是哪种类型？你知道了吗？

在日常的生活中，许多人都会希望自己的另一半是理性思维特质的人，因为这样的男人有上进心，这样的女人不"作"，而感性思维方式的人一般想法变化快，很难捉摸，找这样的人当伴侣，很容易就会产生有心无力的感觉。

实际上，无论是哪种类型都会有优缺点，女人不要幻想一个男人可以有开天辟地的魄力、日进斗金的能力，还要有陪你、懂你、黏你的心力。

如果你是个注重实际的女人，自己想要什么自己很清楚，也期望自己另一半是一个"拎得清"的人，那你可以选择理性思维的男人；如果你更看重浓情蜜意、浪漫情调，期望另一半能够哄你，顺着你，宠着你，那感性思维的男人是你的不二人选。

同样的，男人也不要期望一个女人能够赚钱养家，还能家务全包、貌美如花，即便这个世界上有这样的女人，可能也轮不到你。

如果你希望你的女人能够帮你减轻生活的负担，共同奋斗，共同成长，那么你可以选择理性思维类型的女人；如果你更看重在感情中她能给予你的温柔支持与浪漫，期望她成为你背后的女人，那么感性思维的女人就是不错的选择。

　　每个人都有自己选择伴侣的标准，不需要去界定选择的对错，也无须迎合社会普遍标准，听从自己的内心，勇敢选择自己想要的伴侣。

　　感情就像鞋子，只有穿鞋子的你才知道这双鞋子是否合脚，不必去在意他人的眼光，自己活得开心最重要，不是吗？

　　当你了解这三种价值类型之后，我们就可以很快速地判断出对方的主导思维模式了，从而采取合适的应对手段与方法，这一点在之后的章节我会详细讲解。

　　最后我们再来一起回顾一下理性思维与感性思维模式的三种特征以及具体的判读方式。

　　理性思维： 从特征价值和社会价值两个方面进行判读，比如：财富地位、社会身份、外表、衣着、出行工具等，也就是肉眼直接可以看见的。

　　判定问题：

　　（1）你的伴侣在意自己的着装和形象吗？

　　（2）他/她喜欢追求名牌吗？

　　（3）你的伴侣是否努力工作并热衷追求权力或财富？

（4）他有刻意去打造自己的人际交往吗？

感性思维： 从个性价值来进行判读，比如：性格、言谈、爱好、风格等，也就是需要感知的价值。

判定问题：

（1）你的伴侣是个不善于做决定甚至有点儿矛盾的人吗？

（2）他/她是否有自己独特的爱好，容易发现美的事物？

（3）他/她喜欢看电影或者听音乐吗？

（4）他/她是不是一个有情怀的人？

一共8个问题，分别计算两种思维方式下的得分情况，哪个思维方式得分高，就是以哪种思维类型占主导。

如果一样多，那证明思维和性格都是比较冲突的，说明你更需要同时学习两种思维模式，能更了解自己，也能更好地了解伴侣。

他说离开你是为了你好？别开玩笑了！

他说要分手，分手就分手吧，要命的是他总会找出许多冠冕堂皇的理由来为他的离开披上华丽丽、金灿灿的外衣。

比如他说自己配不上你，再比如他说离开是为了你好，总之就是感觉他爱你爱得就差赴汤蹈火，在所不辞，只因外界诸多无奈不得不分开，其实他的内心一直深爱着你。

对于这样的情况，很多女人都会信以为真，甚至埋怨命运的不公，哭得肝肠寸断，无知还做理解状，认为此生爱过他千值万值，旁边的人看着着急得不得了，自己却还沉浸在自己感人的爱情中。

如果遇到这样的问题，我们该如何看清他的真面目？

一般来讲，人是一种非常善于伪装的动物，当一个人为了达到某种不太光明的目的而去做一件事的时候，会在过程中隐藏自己的真实意图，以此来掩盖自己的真正想法。

因为这些意图与想法其实是和社会的道德价值体系相悖的，一旦被放在阳光下，就会受到他人的批评与指责。所以旁人看到的、听到的、感受到的，基本都是刻意被塑造过的假象，是这个人想让别人看到的。

现在想想你的身边，如果我们做错了事，有多少人能够大胆承认自己的错误，并且勇敢道歉，责任自担？大部分时候，哪怕做错了很小的事，都会不自觉地将责任推卸给他人。这也就是为什么勇于承认错误会被列为优良的品质，因为这真的很难做到。

这背后其实还有一些心理方面的原因。

记得我侄女小时候，她的奶奶带她，如果她因为摔倒哭了，奶奶会用手打地，嘴里还念叨："都是这破地不好，让我们乖乖摔倒！打它！"用这种方式让她停止哭泣。不只是奶奶这样做，许许多多的家长都是这么做，为什么？

大部分家长的初衷是希望快速让孩子停止哭泣，省事、简单，也奏效，因为即便是小孩听不懂话，同样对犯错误非常敏感，大人帮他把责任推卸出去，那么他就不会被批评与指责，也就释怀了。但这就培养出惯性推卸责任的下一代。

我在这里不做道德评论，我只想表明，推卸责任这件事，既然能简单快速地让痛苦的人停止悲伤，那当然会让更多的人对此趋之若鹜、屡试不爽。

人性的自私与懦弱在这个时候会不自觉地体现出来。在感情中，主动承担责任同样是一件非常痛苦的事情，往往会让人背负骂名，承受相当大的心理压力。所以他往往会找诸多借口，来推卸他本应该承担的责任。

在你不知道对方真实意图的情况下，完全可以用两种思维方式的内容去判断对方到底是怎么想的，找到真正的原因。

感性思维类型提分手

在前面的内容中我说过，感性思维类型的人有着丰富的情感，对美的事物有着执着的追求，包括对伴侣的长相、身材等都有着自己的标准。

他们希望伴侣是完美的，所以如果你渐渐失去了吸引力，不修边幅、邋里邋遢，对自己的外形不再重视，那么你就成功将自己置于危险之地了。

如果你的另一半是感性思维方式的人，他对你提出分手的时候，说了一大堆话，什么心里的感受啊，对这段感情的看法啊，对你的爱啊，舍不得你啊，等等，总之会说很多很多。

但是，这些话请你都不要当真，也不要放在心上，你现在要做的是屏蔽掉他一大堆无用的话，清醒地知道，他说得再好听也无外乎是我刚才提到的那两点，要么对你的身体没兴趣了，要么对你的精神领域也不感兴趣了。

在屏蔽对方这一堆或真或假的语言之后，就可以开始考虑下列问题：

首先，你要考虑的因素之一就是你变胖了，变老了，他对你的身体没有冲动了，他仍旧渴望新婚或恋爱时的激情。

如果他仅仅因为你为他生儿育女而变胖变丑就出轨，或者提出分手离婚，那说明这种男人是极度自私的，他说的话大多数都是在推卸责任，这样的人不值得你挽留，应该他承担的责任，一点都不能少。

其实这种男人还是挺多的，我在很多论坛上都看到过男人对自己老婆生育后的体态样貌非常不满。

我们不能保证自己的另一半是否是这样思维方式的人，所以所有婚后的仙女们，一定不要懈怠管理自己的外貌和身材。

其次，他提出分手的原因就是精神世界没有交集。比如爱好大相径庭、话不投机半句多，他想聊"明月"，你却跟他说"柴米"，你们彼此分享的东西驴唇不对马嘴等。

这个时候，感性思维类型的男人会很抓狂，他们无法找到与他们沟通和分享的人。这种情况导致的最坏的结果就是他找别人去聊，出轨在这个时候最容易发生。

这个时候他提分手，也一样会扯出许许多多的理由，往往都是些"天不时、地不利、人不和"的原因。

如果他并不是因为你的外貌发生变化而变心，那么你也要清楚地知道，一定是精神沟通出了问题。如果想像以前一样琴瑟和鸣，就要花点儿工夫了，并不是端茶倒水、嘘寒问暖能解决的。

我建议你可以采取以下这样的步骤来改善沟通：

（1）了解他的兴趣。

在遇到因为无法进行精神沟通而感情出现问题的人群时，我会习惯性的地问：你对你的另一半了解多少？他的兴趣是什么？

大多数的回复都是：我太了解他了，我们在一起多少多少年，他想什么我都知道。

可是如果对方想什么你都知道，为什么你们之间无法建立精神上的联系呢？

答案很简单，因为对他的了解不够深刻。

不够深刻的原因其实有两点，第一点是忽视人的变化。比如，在10年前他喜欢爬山，但是10年后他可能就更喜欢高尔夫了，你再和他交流爬山的事情，也引不起他的兴趣了。

第二点是了解的兴趣都浮于表面。比如他喜欢网络游戏，你觉得他是玩物丧志，喜欢打打杀杀，回到他的思维方式来看，其实他可能是喜欢和游戏里亲友们一起玩的感觉，也有可能是觉得游戏中的换装很好看。

你不知道他真正的兴趣点，就没有办法采取针对性行为。

（2）共同进入他的兴趣。

同样一件事情，切身体验过和在旁观看过是完全不一样的，要增加精神交流，必须得进入他的兴趣。

比如你的男朋友喜欢篮球，那么可以陪他一起打篮球，当然也可以他打你看，感受那种在篮球场上的热血。

当你进入他的兴趣之后，就会发现，你之前找的话题太逊，根本就没有走进他的内心。

刚才讲了和感性思维方式的男朋友感情出现问题的解决方法，那么反过来，如果是你感性思维类型的女友跟你提出分手，该怎么办呢？

感性思维方式女性的特质是看重感觉和默契。她喜欢出其不意和频繁的小惊喜，浪漫是她没有办法抵抗的手段，所以如果她要抛弃你，一定是你太乏味了，或者是给不到她想要的浪漫。

感性思维方式的女朋友在提出分手时，你应该先准确判读对方的需求，并且问自己她的需求你能满足吗？

比如你的女友希望你能有更多时间陪她，记住重要的节日并给她惊喜，多照顾她的感受，她敏感的时候抱怨两句，你能耐心化解。

那你就想想自己能否做到，如果实在做不到，给不了她想要的，那就洒脱走人。如果你认为自己可以改变，那就勇往直前。扭扭捏捏、举棋不定只能白白浪费青春年华，遗憾错过爱情。

学会首先从她描述的部分入手，因为这个部分是她最难以接受的，觉得问题最大的地方，只要你能够进行修正，多用心，给她陪伴，给她惊喜，照顾她的感受，和好的概率其实并不小。

理性思维类型提分手

我们之前讲到过那个小顾，还记得吗？他就是因为女友拒绝提升自己，不学习，不健身，不社交，带来的后果就是女友不能和他共同进步，自然共同的目标也就谈不上了。

当实际利益得不到满足，理性思维类型的人会毫不犹豫地提出分手，所以小顾很快就选择了分手。

西格蒙德·弗洛伊德说过："你我做事的动力不外乎两点：性冲动和对伟大的渴望。"当然，他所说的"性冲动"不仅仅是普遍意义的性冲动，我们可以将之理解为能让我们感知快乐的源泉。

理性思维类型的人如果没有能从你身上得到让他感知快乐的事物，他会毫不犹豫离开你。

这类人大部分是有梦想和情怀的，也就是"对伟大的渴望"。如果你在他追寻梦想实现情怀的路上与他不同步，甚至阻碍了他，那么你也会被分手。

他们在意的是实际价值，所以看清楚对方的实际意图是非常有必要的。

案例一：小雪婚前有三名认真交往过的男朋友。小雪喜欢旅游，喜欢瑜伽，喜欢看书，她所交往的男朋友都是因为这样的爱好而认识并在一起的，最后，她选择了一个相爱并且有共同爱好的男人结婚。

案例二：小李交往过四名女朋友。他是一个工作狂，这些女孩都是在工作中认识的，其中有一个女孩还是他的上司。小李和她们在一起除了聊创业，就是聊财经，最后，他选择了一个愿意和他一起创业的女孩结婚。

抛开性别差异，你觉得同样的情感策略，是否可以运用在这两个人身上？答案当然是不行。

然而，大部分专家和老师都试图让每一个人都用同一套情感策略和方法。事实上，人类确实有相当大的一部分心理都是重合的，比如炫耀、自私、同情、向往美好等，这也是心理学研究的意义，但是每个人身上都会有一些与他人不同的心理，比如说你喜欢军旅剧，但是你的朋友喜欢言情剧。

大家看起来相同点非常多，但实际上，那少部分的不同点才是最关键的，所以有用的情感策略与方法一定是因人而异的，有针对性的。

在生活中，大多数人喜欢的原因归结于没有缘分和不合适，但是，当你可以很自然地运用洞察策略的话，你会发现，并不存在适不适合这个说法，只有你愿不愿意去创造、深入、改善你们的关系。当然，我希望你每一次情感策略的运用都是抱着对彼此认真负责的态度。

为什么有的女人就是不讲道理？

"你居然在看其他美女？你不在乎我了。"

"你昨天去哪里鬼混了？一直不接我电话，你不爱我了。"

"你什么态度？分手！"

这样的对话可能出现在许多情侣相处的过程中，似乎很多女人都疑神疑鬼，还从不讲道理。

这些印象导致很多男人迟迟不敢交女朋友，因为他们觉得太麻烦，不如自己一个人清清爽爽。那是因为他们遇到的都是感性思维类型的女人。

我说过感性思维类型的女人，只喜欢围绕自己的感受去说事情而很少就事论事，她们可以绕开事情本身，去数落你的态度、行为、不爱她的表现等，还喜欢做男人最讨厌的事情：翻旧账。

讨厌吗？简直烦死了。但是谁让你爱她呢？因为你爱，所以你要去读懂她们，去安抚她们。人没有完美的性格，你在享受她们甜蜜的一面时，也要包容她们让你讨厌的一面。

现在我们来看一下之前讲到的我的朋友阿杰和他爱抱怨的妻子彤彤具体发生了些什么事情，我又是如何帮他们疏导和解决的。

之前说过了彤彤和阿杰结婚三年了，刚开始两个人都还相处得不错，只是阿杰有时候思维都是直来直去，不会去过多解释，如果发生矛盾，一般阿杰会就事论事，而彤彤常常避开事情本身去讲自己的感受。

比如有一次小两口约好一起去看电影，彤彤想看一部文艺片，而阿杰想看科幻片。因为那部科幻片第二天就要下映了，阿杰心想可以先把科幻片看了，第二天再去陪彤彤看文艺片，就在没有跟彤彤说明的情况下直接买了科幻片的票。

到电影院的时候彤彤的脸色就一直不好看，她就开始埋怨阿杰了："你只在乎自己，明明我想看文艺片也不考虑我的感受！"

阿杰看着脸色不好的彤彤心里也不舒服，就没好气地说："看个电影你至于这副面孔吗？这个片子明天就下架了，你的那部明天看不行吗？"

两个人的争吵就开始了，彤彤抱怨："居然这种态度，你根本就不在乎我！"然后，因为一场电影的问题，彤彤吵着要分手。

生活当中往往是一件件小事的累加造成了最后的分道扬镳，坏的情绪就像滚雪球一样，越滚越多，最后不堪重负，导致破裂。

在这个个案里面，我们可以看出来，阿杰其实是属于主理性次感性类型。

首先，他很理性地判断明天去看文艺片也是来得及的，但他并未对彤彤表达出真实的意思，而且还擅自做了主；此外，阿杰也表现出了感性思维特质，就是比较情绪化——在彤彤脸色不好看时没有及时安慰她，说明事情原委就"没好气地说"。

其实很简单，要想解决问题，阿杰只要这样做就能完全让属于感性思维类型的彤彤理解。

他应该态度和气并且提前说："亲爱的，我知道你很想看那部文艺片，其实我也很期待，但明天科幻片就下映了，我们能不能先看这部然后明天再看文艺片？我想和你一起连着看两部电影，这样感觉好幸福。"

顺便再来一个拥抱，感性思维类型的彤彤便会乖乖就范。

因为彤彤属于主感性次理性类型，当冲突来临的时候，她会想很快地把自己的感受表达出来，所以就马上说出了不满。

首先，感性思维类型很敏感，阿杰第一步就说"亲爱的"然后再讲明原委，这其实体现了对彤彤的尊重。

美国著名心理学家马斯洛的需求层次理论中的第四层次就是"尊重的需求"——他人心理的尊重的需要，包括威望、承认、接受、关心、地位、名誉和受人欣赏等。

而我的理论中，感性思维类型的人更希望得到尊重、理解、欣赏和赞美，夫妻之间需要的"相敬如宾"就是对尊重很好的诠释。

在对另一半的称呼中用"亲爱的""宝贝"，或者其他充满爱意的昵称，都是可以用在我们要说的话的前面来以示尊重和表达爱意的。接下来阿杰对彤彤讲出事情的原委，并且给出非常合理的理由，彤彤没有理由不同意。

其次，感性思维类型的人非常在乎你是否看中你们之间的情感，并且希望你常常表现出来。所以，接下来阿杰说"我想和你一起连着看两部电影，这样感觉好幸福"，这句话的潜台词是：我在乎你。这样说能完全满足感性思维类性的人强调内心感受的愿望。

最后，拥抱她也是"绝杀"了。大多数感性思维类型的人渴望通过肢体的触碰来表达内心的爱意，所以这段话仔细体会是爱意满满的。彤彤可能在同意这件事情之外还恨不得买个礼物送给阿杰，以表达她的浓浓爱意呢，再没有闲情逸致去抱怨了。

也不要着急，我们再来看一个他俩的故事。

结婚三年，彤彤的工作不算很累，想着趁年轻要一个孩子，并且她也很喜欢孩子。但是，阿杰今年正好赶上一个升职机会，只要好好做业绩就很有把握升上去。

这时候，问题自然又摆在了他们面前，阿杰是肯定想照顾自己妻子从怀孕到分娩的，但他也想升职为以后的生活提供更好的保障，如果彤彤这个时候怀孕，他根本就没有时间陪彤彤，既不愿意错过陪妻子的时间，也不愿错过升职加薪的机会，阿杰打算晚一年再让彤彤准备怀孕的事情。

彤彤找到阿杰："老公，我们今年要个宝宝吧，我好喜欢宝宝，而且我们也不小了。"

阿杰回答："我要升职，今年不行，明年再说。"

感性思维类型的彤彤听到这个回答自然又认为阿杰只为自己考虑不顾她的感受，彤彤觉得非常委屈："工作重要还是我重要？"

这是感性思维方式女人发飙的时候所提的终极问题之一。

阿杰这个角度会想：如果没有工作和你凭空谈爱，你又要怪我没出息，孩子出生了要钱，家庭开销也多，都是负担。此时此刻，理性思维方式的他一定脑补出自己身兼多份工作忙碌的画面，不敢细想。

如果你是阿杰，这个时候你要清醒，在这个节骨眼儿上跟她马上讲道理，那你会输得很惨。

不要在一个女人跟你讲感受的时候跟她讲道理，这就像我在跟你聊兔兔很可爱你却说它们的肉很好吃，顺便绘声绘色形容了一下舌尖上的美味如何丝丝入味一样，我憋出的内伤足以引爆十里外的炸药库。

阿杰又中招了，开始一板一眼地长篇大论，因为这个事情两个人又发生了激烈的争吵。彤彤就抱怨阿杰很自私，不愿意和她要孩子，甚至说他根本不爱自己之类的话。

"你根本就不爱我"这句话也是感性思维的人情绪上来之后，过度解读强调感受的衍生品，其实她就只是想通过这样的方式去传达信息，让男人明白：赶快收起你那愚蠢的表现，我要生气了！

当然，木讷的阿杰不能准确读出彤彤传递给他的信息，只能感受到负能量满满、令人疲惫的指责和批评。

这样类似的事情太多了，琐碎的摩擦慢慢消磨着他们之前的爱情。其实他们之所以会有这些争执都是因为不懂得怎么样建立彼此都舒服的沟通方式，时间长了两个人的沟通不同频，自然就产生了障碍。

面对这样的问题，解决方法其实不难，只要双方愿意学习，很多摩擦都会消失。

后来阿杰带着他的妻子彤彤找到了我，共同学习对方的思维方式，然后针对问题双方一起探讨、学习、改变和完善。

彤彤属于感性思维类型，不满丈夫的态度和一板一眼的说话方式，对阿杰种种行为的描述都是充满了各种负面感受的。而属于理性思维类型的阿杰呢，彤彤一直用感性思维的模式来处理和老公的关系，这一套对于阿杰完全不受用，反而让阿杰非常压抑。

他们在什么时候要孩子这件事情上明明可以说得通的，却恰恰又发生了激烈的矛盾。

那么，面对这种情况我们到底该怎么办呢？来，我们继续来解决。

其实真的很简单，沟通需要正式的场合，所以我建议阿杰定一个环境好点的餐厅，找彤彤一起用餐，并解决这个问题。

考虑到彤彤是感性思维类型，我建议阿杰特意在晚餐的时候点了蜡烛烘托舒适的氛围，但是光线不要太强，为什么呢？

这里又涉及一个心理学效应了：在光线比较暗的场所，约会双方彼此看不清对方表情，就很容易减少戒备感而产生安全感。在这种情况下，彼此产生亲近的可能性就会远远高于光线比较亮的场所。

心理学家将这种现象称之为"黑暗效应"。同时，换了一个场所之后，不会带有创伤记忆，毕竟家里很多时候都是冲突的漩涡地带，很容易效果打折。

所以我建议在彼此解决矛盾和冲突，准备好好谈判的时候，可以选择换一个都没有去过的地方，特别是昏暗又暧昧的场景，会增进亲密度。

然后开门见山，同样运用"尊重——照顾感受——讲清原委——肢体传达"的步骤来与感性思维类型的妻子进行沟通，在沟通的过程中就事论事是好的，但不要钻牛角尖。

在这个过程中，阿杰可以用这些语言和行为来进行自我表达：

（1）尊重对方。肯定对方即将要扮演的角色："好妈妈"。前几天看到朋友家的小宝宝你眼睛都不眨一下，你以后肯定会是个好妈妈。我们现在这个年龄确实是要孩子不错的年龄。

（2）照顾感受。阿杰告诉彤彤：我明白你也不容易，我爸妈你爸妈都一直在催，为了我的工作和事业，你顶了很大的压力。

（3）讲清原委。阿杰对彤彤讲：亲爱的，我最近要参加公司的竞聘，需要准备很多的资料，如果竞聘成功会转到另一个岗位，那个时候会更忙，没有时间照顾你。

我期望我们的孩子是在爸爸的陪伴下来到这个世界，再说了，你怀孕我不在身边，我会很担心的，明年我工作轻松一些，再要孩子好吗？

（4）肢体传达。阿杰讲话的时候轻轻拉起彤彤的手，然后交叠在彤彤的腹部，说："我想要和你一起迎接他的到来。这是我人生中很重要的一件事情，我不想这么草率，你也不想咱们的宝宝伴随着我们的压力出生呀。"

这种情况下，妻子自然会表示理解并同意晚一年怀孕的提议。

解决了眼前的矛盾，双方都继续学习了理性思维类型和感性思维类型的洞察策略，之后的情况在向好的一面倾斜。

对于彤彤，我的建议是，首先，当了解到理性思维是老公的主导思维逻辑之后，一旦遇到了争执，不要再觉得对方的言语行为是不爱你的表现（记住这点很重要），"你根本不爱我"这句回应只能让理性思维类型的男人产生"我到底有哪些地方不爱你了"这样的想法，和你较真。

矛盾来了，一定不要只顾自己讲感受，就事论事就可以了。比如车坏了就商量如何去修，怎样保养才能避免这种情况，而不是又去抱怨坏得不是时候，坏得飞出了天际，对于理性思维类型的人来说，真的听不懂。

在修复关系的时候，可以重点利用社会价值，也就是社会评价的策略，多和老公参加朋友或者家人的聚会，好好表现，让周围的人都来认可老婆，让老公感受到自豪和优越感。

这样基于社会价值带给老公的利益，老公是欣然接受的，要知道，他们是多么实际的人，抓住这点，放下身段，你会发现他们很简单。

现在，阿杰和彤彤定居在成都，他们过得很好。

这也是我前面讲到的，亲密关系的核心是平衡，理性和感性的认知平衡才能走得更远，彼此认知达成一致才是关系稳固的前提。

第2章

你给的爱是你爱人想要的吗？

变化的行为与不变的思维

在前一个部分，我讲到了理性思维类型的"直"和感性思维类型的"作"。

以理性思维为主导的理性认知，主要用社会价值和特征价值来判断；以感性思维作为主导的感性认知，主要是基于个性价值来判断。暂且可以用八个测试来进行判读，目前，至少从我实际操作的案例来看，还没有比这更准确的测试标准。

讲到这里，我想要提醒你的是，在某些特定场合和情景下，人的思维逻辑是会变化的，我们要在对方频繁变化的行为中找到他固有的逻辑。在判读对方的时候，我们需要理解的就是，"本我"是很难改变的，也就是固有思维逻辑一般是不会轻易发生变化的。

当你真正了解对方的思维逻辑之后，就会发自内心地对你伴侣的行为表示理解了。比如，他为什么要提分手？分手的真正原因到底是什么？他为什么不理你？他更看重你的社会价值还是你的个性价值？不断地学习和改善，是你能够攻克爱情难关的前提。

之前，我们只将思维简单地分为两类，理性思维主导类型和感性思维主导类型。接下来，根据这两类情感思维，将衍生出四种具体的情感思维。这将为我们提供一个更具体、更深入的依据去认识伴侣和处理与伴侣的关系。

马上进入主题，了解四种情感思维以及学会针对不同特征选择合理的行动策略。

思维与行为

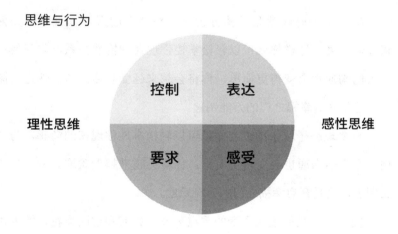

上图，左右方框各代表两种思维，中间的圆是四种具体行为。也就是两种思维产生的四种具体行为特征：左边理性思维产生的是控制和要求的行为，右边感性思维产生的是表达和感受的行为。

在进入学习前我们先用浅显易懂的语言解释一下，其实很简单，将人分成四种类型：

理性控制——喜欢掌控全局（总裁）

理性要求——心思缜密（律师）

感性表达——喜欢说（演说家）

感性感受——脆弱、相信感觉（诗人）

后面的职业是为了让你更好理解而设定的角色，仅供参考。因为每个人都是趋利避害的，在利己性原则和感知性原则的影响下，不同场景和事件都会使人切换到符合当下利益最大化的角色。

接下来的时间就是具体分析这几种类型的人，并且学会如何跟他们相处，这样你就可以轻松掌控你现在的情感关系，与任何一个人的沟通也会变得更简单，你将会越来越受欢迎。请记住这张图表，这是开启幸福之门的万能钥匙。

只要理解了这张图表，你就可以轻松掌控你现在的情感，与任何一个人的沟通也会变得更简单，你将会越来越受欢迎。请记住这张图表，这是开启幸福之门的万能钥匙。

接下来，我们进入本章的重点环节：如何和这四类特征的人进行相处，提升你和他的匹配度。和不同行为特征的人相处，策略的选择尤为重要。

我们在上一部分有强调过，人的本我是不会发生太大变化的，但是呢，因为受环境和具体事件的影响，在不同的情况下，人会选择不同的行为特征去应对，同样的，你需要灵活运用我教给你的策略，千万不要生搬硬套。这需要一些时间去做练习，选择适合的策略，而不是套用千篇一律的方法。

1.理性主控制：渴望掌控爱情局面，不达目的不罢休

你身边的另一半是否有很强的控制欲？期望管控你的生活、工作及你的一切？你在做什么他要知道、你几点下班他要知道、你与朋友见面他要知道，如果他发现你在他的视线范围以外，或者突然掌握不了你了，他便会发狂。你是这样的人吗？如果遇到这样的人，真的很爱他，但是却没有办法接受他这么强的控制欲，你又该怎么办？

现在，我们先返回前面那张图，看左边部分，理性思维方式所产生的第一个行为特征：控制。你身边有没有希望将伴侣的一切掌握在手中，渴望去把控对方的一切的人？其实大部分理性思维类型的人都有控制特质。

著名心理学家艾伦·兰格曾经做过一个极具争议的实验——植物控制感实验。

她和研究人员来到一所敬老院，送给每个老人一盆植物，并随机告知一半老人植物需要定期浇水，但却告诉另一半老人会有人帮他们照顾植物。18个月以后，前一半老人中15%去世，后一半老人中30%去世，对照组（未接受植物）老人的去世率是25%。我们可以认为兰格的心理学实验改变了老人的寿命，但是仅仅有一部分老人延长了寿命，令人惋惜。

通过实验，艾伦·兰格认为控制感对一个人的健康具有决定性作用，有控制感的人生活会变得积极、健康，失去控制感甚至会使人失去生活的希望。

所以，在感情中，合理的控制感是无可厚非的，比如关心对方的生活工作，询问最近的状况。在选择走进婚姻前，你要充分了解对方的控制感程度是否会给你们的相处带来困扰，更好地了解对方是相处的前提，也将为解决困难提供更便捷的方法。

控制欲超强的他为什么说走就走？

王磊和林文是结婚四年的夫妻，没有小孩。王磊是理性思维主导型的人，林文是感性思维主导型的人，因为一些生活上的琐事，两个人关系变淡，王磊主动提出了离婚，离婚的原因是，王磊经常加班，林文却自己玩自己的，没有让王磊感受到家的温暖。

离婚危机爆发以后，王磊删除了老婆的联系方式，也搬到自己父母家去住了，无论老婆如何做，王磊铁定心思要离婚。林文是我的委托人，想要挽回这段关系，找到我的时候，她坚持要先加回王磊的联系方式，理由是这样可以更好地和对方互动和交流。

站在修复关系立场上，我认可这个思路，但是呢，如果你结合他的行为特征来进行分析，你就会发现，整个过程都是王磊在控制，无论是提出离婚、删除联系方式还是搬家，王磊都是主动的一方。所以王磊是属于主控制的理性思维类型。

加回他的联系方式并不是目前最需要解决的问题，因为，理性主控制型的王磊要控制整个事情的节奏，不允许我们随意打乱。

我们最需要做的是，分析一下所谓的隐藏在离婚理由背后真正的原因。理性主控制型的人会通过具体的事情来进行控制和要求，如果导致矛盾发生的具体事情得不到有效的解决，就算是恢复了联系重新住在一起，问题依然存在。甚至可能在下一次问题爆发之后，产生更严重的影响。

现在我们来看理性主控制类型的特征主要表现在哪些方面。

理性主控制类型的部分特征

（1）就事论事，对于自己在意的有较高的要求；

（2）结果导向，喜欢直截了当地表达自己的观点；

（3）做决定非常果断和强势，不希望被改变；

（4）在沟通中不喜欢被打断，要占绝对主导。

所以王磊不会轻易改变与妻子离婚的想法，也不允许妻子随意打乱他已做决定的大方向。我们现在来了解一下王磊要离婚的具体原因：

（1）很多时候，王磊加班过程中，妻子林文会经常打电话来查岗，问东问西，并且明里暗里询问是否有女同事在场，是否没有加班，而是在进行娱乐活动，这是让王磊感到反感的原因之一；

（2）王磊经常加班到很晚，回到家经常是没有吃晚饭的状态，妻子基本不会主动去准备晚饭，除非王磊提前告知，这让王磊觉得自己婚前与婚后并没有什么不同；

（3）有些时候王磊定好并和妻子商量一起进去做的事情，妻子却时常临时变卦。

因为是妻子林文想要修复这段感情，所以我们要针对王磊"理性主控制"特征来进行针对性的操作。

我将操作分为三步，三步之后林文的具体做法是否会让王磊放弃离婚的想法呢？请接着往下看。

如何与控制欲强烈的他沟通？

我们都知道，每个人都有自己独特的思维逻辑、价值观、行为特征，没有人能够通过强迫别人来接受这些思维逻辑等根深蒂固的东西，也很难按照自己想象中的样子改变对方，所以，我们需要重新想一个办法来"改变"对方，让这个人能够做出一些我们所期待的行为，毕竟感情是两个人的，不可能一直都是你配合对方，按照对方的需求改变，对吧？

针对这个问题，我们需要明确对方的价值观，创造、增大或转移对方的价值，对方自然而然地便会主动推进自己的行为。也就是说，所有的行为不是去改变对方，而是引导对方来认同你和迎合你。那么，为了达成这样的目标，在日常相处中，无论你遭遇到何种情况，用下面三种方法能使你们的问题迎刃而解：

1.与他有效沟通

2.判断他的期待

3.影响他的想法

胜利的第一步：如何与"理性主控制型"有效沟通？

与理性思维类型的沟通秘诀可以用四个字来概括——"就事论事"，如果你的另一半是理性主控制型，那么你可以这样来沟通：

（1）就事论事，解决问题最重要，不要讲太多的废话；

（2）不要讲大道理，不自以为是；

（3）围绕他的话题框架展开沟通，不要跳出他的框架。

沟通的成效在于对方是否接受你的想法以及做出你想要的回应，沟通没有对与错，只有"有效果"或者"没有效果"之分，因此，在沟通中，对方对于你沟通内容的反馈非常重要。如果沟通中对方没有给你好的反馈，而你还继续这样的沟通模式，那肯定是无效的，这时候你应该换为其他的沟通方式，直到对方给你想要的回应为止。

刚才我们讲过对于主控制理性思维方式的人来说，要和他们沟通，应该要注意四点，但是这四点究竟应该如何融入沟通的细节中呢？我会用几个例子来详细阐述。

1.解决问题才是最重要的，其他的事情都是"虚"的

在和理性主控制的人相处时，你会发现他们相当有目的性，这种目的性也会带到沟通中，也就是说，他和你沟通最重要的目的就是解决问题和明确目标，如果你说了半天，却什么都没有说清楚，或者是一直在说自己的感受，这个时候，他们会判断和你的沟通无意义，拒绝和你沟通，或者减少和你沟通的次数。

比如，老秦和樱桃打算这周末去野外露营，但是看天气预报，好像会下雨的样子，于是老秦问樱桃怎么办。

樱桃这样回答的："好可惜啊，我真的好想去露营啊，从大学毕业之后，我就没有露营过了，对了，你还记得我们以前去龙泉山露营的那次不？XX和XX之间发生了什么事情。"

樱桃这样的回答就是主控制理性思维方式的人最接受不了的，问题没解决，还说了一堆乱七八糟的，说了等于没说。

其实，老秦要的答案是这样的：如果下雨的话，我们就去电影院看XX电影吧，最近挺火的；如果天气不错，那么我们就按照原计划去露营。

2.不讲大道理，不自以为是

一般来说，理性主控制型的人都是非常务实的，比起天花乱坠的大道理，听起来就高大上的各种口号，他们更倾向于能够落实下来的，能够切实去执行的语言。

举个例子，老秦问樱桃，你对我们的未来有什么打算？

樱桃回答：我们的未来是星辰与大海，要我们努力，一起加油，一定可以过上很好的生活。

对于一部分人来说，樱桃的回答能够激起奋斗的想法，但是对于老秦这种主控制理性思维方式的人来说，这样的回答就是只有大道理，没有具体实施路径。

他需要的回答其实是这样的：现在我们两人的工资加起来差不多两万多，虽然挺不错，但还是紧巴巴的，你们公司最近不是在搞竞聘吗？你去尝试一下，看能不能有加薪的机会，我这边下个月会有一个全新的项目，待遇也会提升，我期望在年底之前，我们两每个月的工资能够增加到三万，然后今年存个10万，一部分买银行的定期，一部分买基金，合理投资。

这样的回答听起来很接地气，也很有执行的路径，会让主控制的他感到安心，至少，对方能够听明白樱桃的目标跟自己是一致的。

3.围绕他的框架，不要跳出他的框架

对于理性主控制型的人来说，他们说话都有自己的话题框架，简单来说，就是观点+论据的谈话模式，所以，在和他们沟通的时候，不要随意跳出他的话题框架，否则会让他们很急躁，从而表现得相当具有攻击性。

比如，老秦和樱桃在聊孩子的教育问题。

老秦说："孩子犯错就应该打，不打他记不住教训。"

樱桃则不赞同："科学家们做了好多实验证明，孩子的成长和挨打没有关系，一味地打孩子根本就起不了作用。"

老秦生气道："妇人之见，不同意就不要说话。棍棒底下出孝子，小孩儿不打不成器。"

在上面的对话中，樱桃"跳出"老秦的认知框架，直接否认了他的想法，所以老秦会产生严重的"反弹"。理性主控制型人总是

如此，一旦你跳出了他的框架，就会无比的难受。

其实，樱桃在结合老秦理性主控制这一特征后，完全可以抓住话题中的观点和中心思想，然后再表达。

老秦的中心思想就是：孩子要挨打才行。只要在这个框架中，都是我们可以操作的，比如孩子什么时候挨打，挨打多少次，到什么程度等。

那么樱桃可以这样说：我也觉得小孩有时候得挨打才能够记住教训，比如那种三番五次犯错，好说歹说都不愿意改正的，打一顿就记住了。但是如果一些小毛病，或者是愿意改正的地方，真的就没有必要打了，万一把孩子打"疲"了，不再害怕挨打，情况就更复杂了。

你看，樱桃没有跳出老秦的框架，用论据的方式很完整地表达出了自己的想法。

这样的沟通就是让理性主控制型舒适的沟通。

你甘愿被他"牵着鼻子"走？

人的利己性原则在于，无论何种情况，每一个人都会尽量选择给自己带来最佳利益的行为。每一个人的行为，对他的思维逻辑来说，都是当时环境里最符合自己利益的做法。

因此，每个行为的背后，都必定有符合他利益的动机，了解和接受对方正面动机，才容易引导或者影响他。

现在我们就来看看，如何去判断"理性主控制型"的期望。

胜利的第二步：判断"理性主控制型"的期望

"理性主控制型"的行为都是围绕达成自己的目的进行的，因此，你需要做的是先了解他的期望，判断什么对他是最有利的，进而解决问题达成目标。

理性主控制型的人期望清单：

（1）你必须按照我说的来，我为主，你为次；

（2）承诺的事情就必须做到，我做到我的，你做到你的；

（3）说再多都没用，我需要看到你的行动。

如何轻松扳回输局？

讲了这么多，那么我们该如何影响对方，并且扳回这一局呢？

刚才我们已经讲过了，不是去改变对方，而是让对方知道你认可他，从而去引导对方认可你，进而做出你所期待的行为，这是这套逻辑思维系统里面最重要的环节，关键在于，在尊重和理解对方为主的前提下，做好自己分内的事情，然后把结果呈现给对方看。

举例来说，如果你主控制的另一半经常会说你这样不对那样不对，你就需要引起警觉了，这个时候最好的解决办法是让对方看到你的行动，而不是你的解释，而你改进的结果会让对方重新来认可和尊重你，所以，两个人彼此影响，便会提升关系的匹配度，如果一方不受另外一方的影响，那么，关系便会变得失衡，最终导致问题发生。

胜利的最后一步：如何影响"理性主控制型"

他期望更多的人知道你对于他的赞美和肯定，但是不希望这些人知道太多关于这些肯定的细节。具体怎么做呢？

来看看这个方式的惊人效果，看完后就可以得到"王磊和林文"的故事的最终答案。

1968年的一天，美国心理学家罗森塔尔和雅各布森来到一所小学，说要进行7项实验。

他们从一至六年级各选了3个班，对这18个班的学生进行了"未来发展趋势测验"。之后，罗森塔尔以赞许的口吻将一份"最有发展前途者"的名单交给了校长和相关老师，并叮嘱他们务必要保密，以免影响实验的正确性。其实，罗森塔尔撒了一个"权威性谎言"，因为名单上的学生是随机挑选出来的。

8个月后，罗森塔尔和助手们对那18个班级的学生进行复试，结果奇迹出现了：凡是上了名单的学生，成绩都有了较大的进步，他们性格开朗，自信心有明显增强，求知欲更大且乐于和别人打交道。

实验者认为，教师收到时受到的暗示，不仅对名单上的学生抱有更高的期望，还有意无意地通过态度、体谅和给予更多提问、辅导、赞许等行为方式，将隐含的期望传递给这些学生，学生则给老师以积极的反馈；这种反馈又激起老师更大的教育热情，维持其原有期望，并对这些学生给予更多关照。

如此循环往复，以至这些学生的智力、学业成绩以及社会行为朝着教师期望的方向靠拢，使期望成为现实。这就是著名的"罗森塔尔效应"，也称"皮格马利翁效应"。

所以，你既然想影响对方，希望解决你们之间的矛盾，调节你们的关系，就不要再傻傻地紧紧盯着对方的缺点和不足而妄加批评指责，没有人喜欢声色俱厉的批评和无比无聊的说教，和颜悦色的肯定和赞美，才是收效颇丰的正确途径。

一般来说，只有对方愿意才能够接受你的影响，才愿意被你所影响，如果对方不愿意，甚至是抗拒的，那么无论你做什么，他的内心都会下意识的抵抗你，这个时候你完全没有办法对他产生任何正向的影响，而赞美就能够帮助你打开他的心房。

记住，面对理性主控制型的他，拒绝批评，拒绝抱怨。

让我们接着来看我们前面讲过的那个案例，林文与王磊这对夫妻之间出现问题的解决方法。

在这段关系中，林文确实有很多地方做得不够周到体贴，她自己在王磊提出离婚之后，也意识到了很多不足，希望能够改善并重新让两人的婚姻回到健康状态。

在这里，需要用到前面提到的三个步骤，我让林文休息了一周，不要试图联系她的老公，整理自己的情况与状态，在这一周的时间里给双方足够思考和冷静的时间。

之后根据林文的描述了解到，其实王磊的父母并不期望他们离婚，认为林文这个儿媳妇还是很不错的，所以在确保林文冷静的情况下，我让林文联系王磊的父母，说第二天要上门拜访，在电话里言辞恳切地对对方父母做一个简短的自我反省并表明"不希望离婚"，想和王磊单独谈一下，王磊的父母欣然同意。这天，林文带了些见面礼和王磊喜欢吃的东西就去了。

第一步的具体做法：与他有效沟通

在和王磊见面的过程中，我要求林文尽量不要去描述这几天有多难过，多伤心，多么想念他的话，总的来说就是尽量不要谈感情，谈感情让只会他们更加抗拒。

要知道理性主控制型是不吃"一哭二闹三上吊"这套的，林文只需要就事论事，表明分开的这段时间自己也在思考妻子的角色应该如何做得更好，对两个人以后的关系进行清晰的定位，给出具体的行动计划。

比如，以后他加班不会再打电话查岗，加班晚归尽量准备晚饭，以及向他保证以后和王磊决定好的事情不再临时变卦就是了，她必须说到做到，不然以后的关系还是会出现危机。

这个时候，王磊只会有一个反应，听了那么多，也就是收到林文的承诺了，但是不会立即做出表态，其实理性主控制的一方只要是感觉到自己的主控权大握，基本上不会立即翻脸否定对方，他会拭目以待，当然机会只有一次，接下来应该怎么做呢？

第二步的具体做法：判断他的期望

围绕理性主控制型的三大期望清单，从三个方面进行试探和满足。前面我们讲过，理性主控制型的三大期望清单分别是：

（1）你必须按照我说的来，我为主，你为次；

（2）承诺的事情就必须做到，我做到我的，你做到你的；

（3）说再多都没用，我需要看到你的行动。

那么在这个步骤，林文只需要按照这三个清单去与王磊相处就好。

比如王磊最近在准备升职的事情，那林文就尽她所能帮他打点一些人际关系或者照顾生活琐事，总之就是满足他顺利升职的需求。对于理性主控制的人，只要事情达到他的个人目的，他就会非常感激你。

再比如他父亲生病需要转院，而林文在他忙的时候帮他完成了这件事，虽然过程很烦琐，但是林文没有任何抱怨，做好自己的事情，王磊也非常感谢。

再比如，当王磊有需要林文协助的地方，不要习惯性地往外推，也不要总是去质疑，聪明的做法就是，在没有侵犯到你底线的时候，按照他的想法去做就好。

第三步的具体做法：影响他去的想法

第二步针对期望的满足差不多的时候，王磊对于林文其实有了一个全面的认识，他发现自己的妻子好像真的说到的都做到了，自己也感觉很满意。

基于这样的前提，我引入了群体活动，在家庭聚会上或者朋友同事聚会中，让林文多去发自内心地肯定他、赞美他。

比如，林文人前人后都是说自己老公工作能力真的很强，辛苦很久终于比同级更快地升职了，再比如，跟林文的家人夸奖他家庭责任感很强，努力工作也是为了两个人的小日子更好。

坚持这样做，皮格马利翁效应会神奇地起作用。从来不当众夸人的王磊，也开始在朋友面前夸自己的老婆贤惠，感觉自己真的娶了一个好妻子。

当然，对于理性主控制的夸奖，我建议就事论事，发自本心，千万不要浮夸，否则会起到反作用。

其实，两人的感情出现问题，也并不是林文一个人的错，彼此之间发生冲突的责任也不是在林文一个人身上，所以，在这种情况下，林文需要去影响王磊，让他能够在林文的影响之下，改变一些行为和想法，当然，这些改变也是需要顺着王磊的框架去操作。

比如，在相处过程中，其实林文一直觉得王磊对自己不够关心，很多时候根本不在意自己的感受，说一些冰冷冷的指令，针对这样的情况，我让林文不要把这些事情憋在心里，要告诉王磊。

当然，并不是直白地说"你对我一点儿都不好，你一点儿都不爱我"，这显然是不行的，而是在两人单独相处的时候，把自己的感觉告诉王磊，带着委屈的表情与语言方式。然后告诉王磊，她希望王磊怎么做，也就是告诉他可以执行、可以落实的细节点。

如果你想要这样做，一定要注意一点，就是要尽量落实到某一件具体的事情上面，不能泛泛而论，前面我有讲过，理性主控制型的人并不喜欢那种大却没有办法落实的沟通方法。

这个就是引导了，直白来说，当理性主控制型的人需求得到满足的时候，只要你适当的引导，他们是不会吝啬的，一定也会积极回报你的需求。

林文这样的行为方式，能够很好地对王磊产生影响，并且是自己所期望的影响。

两个月的时间，林文通过这些努力顺利化解了感情危机，另一半也在积极回馈她的付出，满足她的需要，现在他们过得也不错。

当然，透过这个案例我要强调的是：

（1）要求改变是自己的初衷，不要给其他人压力，你应该做的是改变自己，而不是强迫别人进行改变，即便是想要对方改变，也不能直接强求，需要通过你自身的行为去对另一半产生影响，天上不会掉馅饼，什么都不做，只想着索取对方的价值，只想着让对方先来满足自己，这样的想法是不可取的，在亲密关系中，适当的妥协并不是软弱，这个是爱的智慧

（2）特别强调的是，改变自身思维方式的过程是痛苦的，毕竟你需要先去尊重和理解对方的思维方式，在这个过程中，找到对方真正的需要，但只要坚持，换来的幸福和谐都是值得的，因为我们都应该懂得先苦后甜，苦尽甘来的道理；

（3）创造舒适沟通的前提，并不代表自己一味妥协退让，或者变得没有思想，这个只是一个先后顺序的问题，你明白了对方思维方式的秘密，自然就要先展开行动，真正相爱的两个人，不要去计

较一时的得失，两个人共同学习进步，完善自我才是长久之法。

以上是与理性主控制型的相处之道，你学会了吗？

2.理性主要求：为什么她总喜欢不断要求我

凯文交了新女友，女友漂亮懂事，两人相当般配，大家经常看到他们腻在一起。

有一天，凯文跟我说，他发现和女朋友在一起总会有一种奇怪的感觉，觉得女友完全是一个细节控，各种事情都必须按照条条框框来，这样的感觉太奇怪了。

这到底是怎么回事呢？他说女友是个完美主义者，是一个对自己要求特别严格的人，他一开始觉得捡到宝了，毕竟自我要求高的人，本身就自律有底线有原则，结果两人在一起时间久了之后，女朋友开始要求凯文了，他的家里一双脏袜子都不能出现，抽烟也必须定量，如果他口不对心，但凡有一件事在语言和行动上不一致，说好的事情没有落实，就仿佛会有"被割舌"的危险。他说女友要求太多，如果做不到还要接受惩罚。

刚开始他还觉得女友是一个对自己有要求的人，挺甜蜜的，有家的感觉，恋爱真是一件幸福的事情，可是时间一长，就非常痛苦了，你对自己要求多就算了，干吗还要管我那么多，无法淡定啊。我想这也是处女座会被"黑"得惨的原因吧，主要求的完美主义者对他人来讲难以理解，有时候甚至就是魔鬼。

这就是我们要讲的理性主要求类型。

这种类型的人更关注对方做了什么，会通过对方的言行是否一致来判断对方的品质。那些光说不做的人很快会被他们放弃。那么，如果你的另一半正好如此，怎样和"理性主要求型"相处呢？

请你淡定地喝口水，接着往下看。

"我错了还不行吗"是低级的道歉方式

你和理性思维类型的男友约好了看八点钟的电影，但是呢，由于你今天临时加班，到电影院的时候比较晚，错过了八点档电影。到了电影院，你也知道自己今天可能做得不对，给他道歉，但是他却不说什么，你越道歉，他越是不想说，一直跟你说没事儿。

一般人会觉得这似乎因为自己迟到了，所以男朋友心情很不爽，其实不然，他这样的表现是因为你触碰到他理性思维方式中的要求和控制特质。

透过现象看本质，在这件事情上，男朋友的要求特质体现在四个点位上：你和他一起；八点这个时间段；这家电影院；这部电影。

我们可以看到，在这四点中，唯一没有满足对方要求特质的点位在于：八点这个时间段你错过了。

那么，其实你解决问题的关键也是约定的时间问题，所以，解决问题的思路是，不要只就迟到本身道歉，道歉的时候明确说出是因为错过八点的这个时间段而感到愧疚就行了，这样的道歉会让他有很强的控制感，同时也满足了要求特质中扣细节的执念，这样才会觉得你的道歉是真心诚意的。

当然，我们经常会看到这样的场景，女生在男朋友做错事的时候会问："哪里做错了？""到底错在哪里？"

问出这样的问题是因为这个时候她处在理性控制和要求的状态，一方面，期望能够对男朋友产生一定程度上的控制感，另外一方面，也需要看到男友就具体事情的阐述和解释。

所以男朋友说"都错了""我错了还不行吗"，这会让女生感觉他们的回答非常没有诚意，她们更容易产生被"忽悠"以及"事情不在自己控制中"的感觉，这有可能会导致她大发雷霆。

其实，她希望男朋友这样说："关于今天我迟到的事情，真抱歉"或者"太不好意思了，因为我说好洗碗而没有洗"这样有具体细节的回答，这样的回答显得更有诚意，更能让这些女生满意。

所以，单一的要求其实比较少的，一般要求都会伴随着一些控制，毕竟这个人是理性主要求型。

接下来我们总结一下理性主要求型的行为特征。

理性主要求型的人有以下特征：

（1）把事情分得很清楚，一是一，二是二；

（2）完美主义，希望任何事情都能尽善尽美；

（3）更喜欢观察你的细节，不会表达自己太多的感受；

（4）内心很敏感，对于事情喜欢深度解读。

记住了吗？那么我们继续。

你要当心"细思极恐"的女人

我有个朋友Lisa，她跟我分享一个陪她的闺密去相亲的故事。

她陪她的闺密去见一个事业小有成就的男人，那人29岁，Lisa的闺密24岁。Lisa本人就是典型的理性主要求型女生，他们三个人约在咖啡厅，在她的闺密和相亲对象开始侃侃而谈时，Lisa就坐在旁边观察对面这个男人。

聊了一会儿，她的闺密发现和这个男人共同语言比较多，于是又点了一些吃的东西，随后多坐了一会儿。看得出来Lisa闺密对这位男士还是比较满意的。

相亲结束后，闺密告诉Lisa自己很满意对方，她觉得对方事业做得不错，谈吐风趣幽默，两人还很有共同语言，而且这位男士随后发信息也表示希望能再次约会。但是Lisa却对这位男士非常不满，劝她的闺密再另外寻觅。

她认为这位男士不太懂得主动付出，对女孩子的责任心不够。原因是Lisa发现当他们点了一壶三个人可以喝的果茶时，男士并没有主动为这两个女孩子沏茶，在她们喝完杯中茶时，该男士也没有要主动帮她们加水的意思，Lisa闺密点了吃的，上甜点时服务员的杯碟不小心碰到她闺密的头，男人也并未有任何保护的动作。

Lisa并不在乎这个男人说了些什么，她更关注细节，从细节去判断对方的为人，这就是典型的理性主要求特质。

所以，无论你是相亲也好，还是跟伴侣约会也好，有闺密或者哥们这样角色存在的时候，一定要注意到对方是否是理性主要求型，否则，真的非常容易翻车。

特别在一些比较重要的场合，如果你没有办法去判断和分类，那么就一定要关注到其他人的感受，稍微注意下细节，因为说不准就留下了不好的印象。

漏接她的电话，她脑洞开得太大

李远和女友豆豆相恋半年，没有住在一起，平时联系方式以电话和短信居多。豆豆是个理性主要求型女生，李远平时工作比较忙，难免会忽略手机的动态，所以常常不能及时回复女友豆豆的信息，电话也会漏接，这个时候豆豆便开始各种胡思乱想，脑洞大开了。

这种情况让他们之间出现过很多次摩擦和不愉快，最终也未能解决问题，反而女方越来越没有安全感。

最夸张的一次是李远有一天陪客户喝酒到凌晨一点，一天都没有打电话联系女友，应酬结束后醉醺醺地回家睡觉直到中午。他的女友豆豆一直联系不上他，"他是不是出事了？""是不是有别的女人了？""是不是不爱我了？""准备冷战抛弃我吗？"

各种疑惑在豆豆心里升腾，等李远清醒起床才看到有许多未接电话和一条醒目的短信："李远，分手吧！"

实话实说，这样的情况如果偶尔发生，其实还能接受，如果经常这样，我相信很多人都接受不了，因为在没有学习理性主要求型的思维方式之前，你一定觉得对方在无理取闹。但是现在，你还这样认为吗？

理性主要求型有一个很重要的特质，就是深度解读，核心原因，仅仅因为你是他在意的另一半，无他，正是因为在意你，爱你，关注你，所以，你的一些行为没有符合他的要求，就会胡思乱想，脑洞大开，换句话说，如果是他不在意的人，他也不会这样去思考问题了。

当然，我非常能够理解那些亲密关系中另一半是要求型的情况，在这个痛并快乐的过程中，你怎么应对会更加让彼此舒适呢？我们接着往下看。

只需要"靠谱"就能鱼跃龙门打一场翻身仗

之前强调过理性主要求的人看重你的行动、完美主义、内心敏感、容易过度解读等，针对这样的一些特质，我们需要用这样三个维度来解决和理性主要求特质人群之间存在的问题，这三个维度分别是沟通、判断期望、影响他。

首先，思考如何与理性主要求型进行有效沟通。

（1）细节很重要，但是要有明确的目标和方向；

（2）不要批评和指责对方；

（3）让他知道你很靠谱，这个很重要。

所以在面对Lisa和豆豆这两位理性主要求型女生时，你只需要重视，并且非常重视一点，就是你一定要"靠谱"。让她们认为你"靠谱"其实很简单——注意细节，说话算话，保持结果的回馈，让她没有胡思乱想的空间，她就会死心塌地地跟着你。

如果Lisa对面那位男士表现出足够的绅士风度和对她闺密的保护欲，是不会被Lisa踢出局的，而豆豆的男友如果应酬之前有心说一句："宝贝儿晚上应酬，不能及时回复，望体谅。"也不至于得到被分手的结局。

要知道，如果你深爱你的理性主要求型的爱人，让她知道你在哪里，你在干什么，做到真诚和忠诚，她会很放心你，也不会对你加以干涉，前提是你要做到，当你的行为符合她内心的要求，其实理性主要求型的人是很好相处、很好理解的。

你做到的同时也可以提要求，做良好沟通，比如告诉她不要太敏感，不然会给你很大压力之类的话，不要怕麻烦，只要前期你让她觉得你足够"靠谱"，她一定会体谅。

我之前说过，理性主要求型的女生不会莫名其妙地"作"，她们直接，也通情达理，通常都是就事论事讲道理的。前提是，你不要"飘"，你要"靠谱"。你的"靠谱"就是她们安全感的来源。

让她放下戒备，轻松攻下城池

这就是我们说的第二个维度，即如何判断理性主要求型的期望。

他的行为围绕自己的思维有条理地展开，每一个细节都对他很重要，他比较谨慎，让每一个细节达成他的要求，他才会慢慢放下戒备。

记住了吗？如果对方是理性主要求类型，一定要让每个细节都达到他的要求，并且做到言行一致，但凡有一次让他发现你的不一致，他会马上对你拉起警戒线，你未来讲的话也会大打折扣。

当然，因为理性主要求型的人是完美主义者，所以对自己有要求的同时对别人也同样有着严格的要求，如果要和他们相处，特别是以情侣或夫妻关系的话，一定要时刻保持对自己思想和行为的要求，当然，如果注重对自身外貌身材的要求，对方会更爱你。

所以他们的期望其实就很简单了，按照他们的要求来，在关系相处中，尽可能地按照他们的要求来。

你可能会说，那样的话自己岂不是完全没有自我意识了吗？其实不然，就算你觉得对方有些要求你真的达不到，那么，就事论事讲道理，讲细节，讲原因，只要你能够说服他，也是没有问题的。

比较谨慎的做法是，不触碰你底线和原则的要求，其实可以去满足，毕竟可以让你变得更好，但是一旦触碰到了你的底线和原则，也千万不要去发生冲突，咱们以理服人，理性主要求型算是最讲道理的类型了。

送礼物，送礼物，送礼物，真的好吗？

第三个维度：如何影响理性主要求类型的人。

他期待你实质性的肯定，这些实质性的肯定包含了物质或利益，他们期待具体的回馈，乐意接受礼物。

这里所讲的礼物，并不是指什么高大上的包包和首饰，也不是什么限量版的数码产品，而是他们真正用得上，摸得着的东西，举例来说，对方骑小黄车上班，你送个防风口罩就很实用，马上冬天了，你送一件保暖内衣也不错，所以，实用性原则才是重点，那些认为理性思维型的人肤浅又拜金的朋友，理解就有些偏差了。

在第一部分，我们就讲过这类人对实际价值的重视，在理性主要求型的人身上体现得就更淋漓尽致了。他们更在乎你的社会价值和特征价值，而不是个性价值，所以，你的幽默、气质、才华在他们面前会显得格外黯淡，至少不是优选条件。

如果你打算追求理性主要求型的人，跟这样的人维系好关系，那送实际的礼物会比惊喜和浪漫更让他们感觉踏实。当然，无论是什么类型，都不会拒绝富有人格魅力的你，但是在这个基础之上，力所能及的送些实用的礼物，一定会成为你的加分项。

讲了这些案例，你应该大概明白了理性思维主导的行为特征，有两种：理性主控制和理性主要求。

我说过，我们的思维是复杂的，情感也不会只是单一的，所以理性思维主导的人在日常生活中具体的表现是两种特质结合的，一种是主控制，要求为辅；一种是主要求，控制为辅。慢慢来，你先记住对方主要特质就行。

请你也思考一下，如果对方是理性思维型，他属于哪一类，如果你是理性思维型，你属于哪一类？

同样还是这张图表：

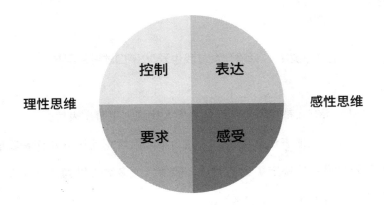

　　讲完理性思维类型的控制和要求后，我期望你能够对这两种思维类型有一个比较清晰的认知，至少可以明白，主要求和主控制的特点分别是什么。

　　我接下来会讲另外一种思维方式的两种特质。我们可以清楚地看到右边感性思维类型，同样衍生出两个具体行为特征：表达和感受。

　　感性主表达型通常会让人觉得话很多，很善于交流，有的时候甚至会觉得他们哪里来的那么多话聊，但不可否认的是，他们是天生的社交能手，和他们沟通，不用你费尽心思地去思考话题，在你想到之前，他们就已经帮你找好话题了。

　　感性主感受型就是你敏感多疑的另一半，一方面，他们希望你能够在相处中多一些浪漫和刺激，另外一方面，他们又不会轻易去表达自己内心真实的感受，大部分时候都是憋着，一旦憋爆了，就是暴风骤雨，这种靠感觉恋爱但是又不愿讲出来的人，她们就是主感受的感性思维类型。

3.感性主表达："话痨"女友我也爱/攻下口才好的男神

似乎所有人都理所当然地认为女人比男人更善于表达。

其实个人的表达欲望和表达能力不能因性别而区分，而是我们大脑的思维系统决定了我们的语言能力，大多数人以为只有女人才会话痨，其实这是一个误区。

在每个家庭里，男人和女人都有可能是爱表达的一方。像我父亲在家里就是属于爱讲话喜欢表达的类型，而妈妈常常是沉默或者做事的时候比较多。我将这种热衷表达的类型称为感性主表达类型，来看看他们具有哪些特点。

感性主表达型的特征：

（1）健谈，擅长表达自己的观点，渴望成为焦点；

（2）做决定很快，容易反悔，比较情绪化；

（3）对于自己喜欢的事情充满激情和热情；

（4）人际关系不错，喜欢激励和帮助他人。

为了帮助你更好地理解感性主表达型的行为是如何表现的，我们来看一个日常生活中的案例。

分手原因：我口若悬河，他却呆若木鸡

一对情侣，男生是理性主要求类型，女生是感性主表达类型。

女生经常会和男生分享自己和同事还有闺密之间的一些故事，喜欢聊聊一部电影的观后感或一本书的读后感，也喜欢分享平时在生活中发现的有趣的事情，男生对于女友的分享便是听听就好了，要么是不作回应，要么就是回应得不积极。

时间长了之后，女生觉得男生不是一般的无趣，两个人的话题越来越少，女生说两个人没有共同语言，也感觉男方没有以前那么爱她了，两人处在分手的边缘，男生找到我们，希望能够找到自己的问题，重新修复他们的关系。

在这个个案里面，感性思维型的女生表达特征在两个点上，一个是希望爱人听她和身边人的故事，一个是希望爱人和他共同分享这些事，并对她做出积极的回应。而男生只关注到了第一个点：去听她讲。但是忽略了第二个点：做出积极的回应。修复的关键在于，回溯一下对方常用的表达内容，尝试和对方同步分享感受是行动的第一步。

在讲前面思维方式的时候，我都提供了一些针对该种思维方式的解决问题方式，那么针对感性主表达的类型，我也会给出相应的方法。

如何让话痨女友对我不"唠叨"？

一、怎样与感性主表达型有效沟通

一般来说，感性主表达型的人话题打开之后，内容是很多的，他们是交际达人，会给人一种平易近人，很好相处的感觉，但实际上，要和他们进行有效沟通，也必须得掌握一些方法与技巧，以下三点，就是和感性主表达型沟通的主要技巧。

（1）交流中，彼此的互动很重要，他希望得到理解和认可；

（2）遇到问题，陈述事实，不要去过度指责；

（3）日常生活中，让他感觉到你的关注非常重要。

在刚才那个例子中，主表达的女生因为在分享和表达的过程中，长期得不到男友及时的反应而感到失望和沮丧，从而产生倦怠的感觉，对这段感情失去兴趣与信心。

想想我们大多数人的母亲是不是也常常会有同样的困惑，妈妈整天喜欢讲话，渴望爸爸的回应，当然有些家庭是父亲渴望回应，而可悲的是另一半反而不耐烦或者选择逃避，活在自己的世界中，选择性忽略对方的表达和感受。

下面有这样两句对白是对很多婚姻莫大的讽刺：

老婆："你的耳膜炎是什么时候好的？"

丈夫："就从你喉咙开始发炎的那天……"

她要苹果，别授之以梨

在两性关系中，残酷的是你想要"苹果"，你的爱人明明能给你，但他却常常以爱的名义授之以"梨"。造成恶性循环的起因往往都是平时对另一半的忽视与不了解，比如，他喜欢什么？他喜欢聊什么内容？如果他喜欢篮球，你给他聊你喜欢的足球，他肯定是跟不上你的节奏的，所以你要了解他，这很重要。

在与感性主表达类型相处的时候，如果你真的爱他，无论对方背景如何，生活习惯如何，最关键的就是给他表达的空间，真心倾听他的分享并给予回应。他讲的话题中一定有你可以陪他继续讲下去的地方，仔细寻找话题点，与他共同分享你的见解和看法，积极做出肯定和赞同的回应，如果你能够理解到他内心的感受，甚至你们有相同的经历，就更完美了。

那位想挽留爱情的男生，如果真的爱对方，就要在未来的日子里尽可能地和她一起看电影或者分享文章创造共同点，增加共同话题，增加姑娘对他的认同感，这些都会传达三观、思想和态度，陪她一起分享这些就等于在寻找你们生命中的共同点，她想和你分享其实也是想了解你们是否有共同的三观、态度和思想，这很重要。

就好比你们一起看了电影《肖申克的救赎》，你看到了男主角的正义、坚持，用近二十年的时间去证明"救赎"二字。或者你看到的是：只要坚持，没有实现不了的梦想。而对方欣赏的角色却是那个见利忘义的典狱长，一部电影的喜好，就能映射出彼此的三观。

如果在分享的过程中大部分的三观吻合，那也可以确定对方是未来灵魂相守的另一半，如果大相径庭，那就可以及时止损了，因为三观不一致的爱情一定是走不长远的。

卡耐基在《人性的弱点》中讲过，没有一个人喜欢批评与指责。对于感性思维类型来说，他们非常注重感受，千万不要过度批评，他们自愈能力虽然比较强，但是爱人的批评会让他们非常受伤害，自尊心和自信心都有可能受挫。

举例来说，对方非常开心地为你做了一道自学的菜，然后跟你炫耀自己花了很短的时间就学会了，并且问你味道怎么样，你却说，其实我觉得去餐厅吃饭更好一些。完全不回应对方被肯定和赞美的需求，这种类似的事情累积起来，对方对你的爱意就会越来越淡，这个时候再想去弥补，就需要花更多的时间和精力了。

记住：感性主表达的人为什么喜欢说？因为他们非常渴望被理解和肯定！

二、判断感性主表达型的愿望

感性主表达类型很需要自由表达的环境，以及在这种环境下，他会不自觉地想要成为焦点，获得认同和赞美。所以，要学会创造能够让他自由表达的环境非常重要，他需要是的舞台，需要的是聚焦，你需要给他这样的机会，这里一定要划重点。

感性主表达型的人在人少的情况下喜欢讲话，人多的情况下表现得更明显。因为他们渴望更多人的理解和支持，内心的存在感迫切需要得到支撑，所以如果想与表达型的人拥有幸福的爱情，你要找机会组织点集体活动，约上亲朋好友，让他刷够存在感。

在这样的场景下，你需要做的是支持他的观点，如果能发挥你的聪明才智活跃气氛，让所有人都支持他的观点，他会有被充分重视的感觉，这是你为他创造的独一无二的感觉，很难忘却。

所以，我们让刚才那位男生积极组织朋友间的聚会，在聚会期间，女友虽然对他反应一般，但是感性思维类型的人表达天性被激发，没有几个回合，就按捺不住和其他人分享自己的故事，在她发表观点的时候，男生只需要带头回应她并且表示赞同就好，这会让女生感受到被关注，她会很开心，对待这位男生也没有那么冰冷了，两人的关系得到了缓和。

三、如何影响感性主表达型的人

想要影响感性主表达型的人，最好的方法是通过你主动表达来影响他，在你表达的过程中，双方的想法会慢慢地进行交互和融合，潜移默化中就影响到了他，这个时候他会不自觉地打开话匣子，接下来的舞台就交给他。在这个舞台上，他会期待你对于他每一件事情的肯定，也期待你和他分享你的感受。

感性主表达型的人渴望被理解，也同样希望能理解你，如果你像个闷葫芦什么也不说什么也不做，她会非常没有安全感。对于在乎个性价值的感性思维类型的人来说，物质并不是那么重要的，起码没有理性思维类型认为的那么重要和必不可少，因为感性思维型的人在精神层面的需求更多。那么他们获取安全感的方式就是：你的倾听，你的认可。

所以在相处过程中，你每件事情都要告诉他们，你向他们分享日常生活的点点滴滴，分享自己的生活感悟，分享自己的观点，感性主表达型的人会非常期待，特别是当他们了解到你的精神世界所追求的东西都与她们相差无几时，他们会很愿意和你走到一起。

前面提到的那个想要挽回自己感情的男生，在经过了与女朋友的有效沟通，判断她的愿望，以及通过表达对她产生影响之后，成功地修复了两个人之前的裂痕。

具体来讲，他是这样做的：

首先，他结束了单向沟通，不再像以前一样，以为女朋友喜欢讲话，自己听着就好，学会去理解她想要表达的意思，并且给她期待的反应，比如赞扬等。

在这个过程中，女朋友很明显地发现了他的变化，还调侃他怎么突然就转性了，不再像以前那样排斥他了。

接下来就是我们刚才讲过的，男生组织了聚会，通过共同的朋友约到了女生，满足了她想要成为焦点的感觉。

最后一步，通过自己的表达对女生产生影响，这个男孩其实是非常木讷的，不懂得哄女孩子，也基本上不会说什么真心话，所以在这一步的时候，我让他面对女孩剖析自己内心的真实想法，夹杂着对女孩的欣赏与认同，成功让姑娘泪流满面，让这段感情转危为安。

其实，刚开始的时候，我让这个男孩做这些事情他是不太愿意的，因为他觉得不太好意思，认为自己默默付出就好了，花言巧语就显得虚伪，实际上，对于理性思维的人来说，行动就是最好的解释，但是对感性思维的人来说，很多东西，他们需要通过你的语言去确定，你不说，他们就感受不到。很奇怪是不是？

如何追求一个擅长表达的"男神"？

现在我们学习完了与感性主表达的人的相处模式之后，一起来做个练习，这个练习也是基于真实的故事。

我有个学员，叫汪凝，25岁，皮肤白白的，看着娇小可爱。她说自己喜欢上了一位"男神"，怕条件不够追求不到，希望得到我们的帮助。她自己是个设计师，在一家设计公司上班，她喜欢的这个人叫李晗，光看外表是大多数女生都容易喜欢的类型，个子高，人帅，干净利索，有男模的气质，他是某世界五百强公司的管理层，三十出头，单身潜力股，口才非常好，据说在公司里有非常多的女性追求他。

他们是在一次聚会中认识的，在聚会中他侃侃而谈，善于表达，汪凝对他一见钟情。虽然向别人要了他的联系方式，但是汪凝一直羞于开口，她在朋友那里了解了一些他的爱好，比如喜欢健身、运动、看书、演讲，喜欢养狗。我们基于分析，确定他是感性主表达型的男生。

表达能力强的人自身也具有很强的感染力，他希望在跟你传达信息时能感染并影响到你，这会让他很有成就感。往往许多优秀的人都具有惊人的表达能力和演讲能力，他们思维清楚，逻辑缜密，能恰到好处地传达自己的思想。

那么如何搞定这个感性主表达型的"男神"呢？

如果是你的话，你会怎么做呢？

回想一下我们之前讲的感性主表达的特征，最重要的是他们渴望被理解和肯定，并且注意细节。还记得吗？

我要做"男神"的正牌女友

基于以上的信息与条件，我为汪凝打造了这样的方案：

第一步：如何与"男神"沟通。

（1）我让汪凝用微信和李晗先熟络起来。这一步比较难，万一把握不好，就会显得刻意，引起他的抗拒，所以采用的切入点是工作，汪凝加上他之后，就以讨教工作的名义展开沟通，好为人师的李晗开始很认真的解答。

在这个过程中，让李晗感受到赞赏与认同，汪凝根据他一些精辟的见解，给予了积极的评价和回应，甚至还做了课后作业。这样的表现，让李晗觉得自己在女孩的世界里就是被重视的焦点。

接下来经过一周的酝酿，两个人已经基本熟悉了起来，此时，我让汪凝用感谢对方帮助的借口约他出来。一般感性主表达型的人是不会拒绝来自别人的感谢的，所以基本上可以约出来，如果不行的话，那么再次进入上一个状态。

在这样的条件下，虽然李晗有些许犹豫，但是最后汪凝还是顺利地约到了对方。

记住，在约会的时候，感性主表达的他一定会侃侃而谈，无论谈什么，你都表示想听，当然，汪凝确实很想听。

聊天过程中除了真诚的倾听、温柔的目光以外，别吝啬你的赞美，比如如果他讲到一些经历，一些特殊的事情他是怎么处理的，或者聊到电影、书籍、艺术等，你可以说"这段经历很特别，你好勇敢""你看的书很有品位"等，当然，是发自内心的赞美，虚伪的夸奖他是会感知到的，因为他们内心敏锐。如果你们有相同的喜好那就再好不过了，让他感受到你对他的仰慕与崇拜很重要。

　　当然，这其中最重要的是要针对他对你的帮助进行着重的感谢与表扬，告诉他因为他的帮助，你达成了什么样的目标，这样有反馈的二次感谢，会让感性主表达的人将你视为知己。

　　（2）提醒汪凝注意细节。别忘了感性主表达的人非常注意细节，你的仪态、谈吐一定要得体，当然，也要自然，矫揉造作的语言和行为会让对方反感。这一点，据汪凝自己说，表现得还不错，至少落落大方，仪态也没有出问题。跟感性主表达的李晗打交道，如果女孩矜持，基本没戏，如果女孩打开，对方才会回应，这些细节让李晗产生了愿意继续交流相处的想法。

　　（3）针对这一类型热情并且渴望帮助别人的特点。汪凝开始进一步倾诉自己最近在工作上感到迷茫的、疑惑的事情，工作或为人处世等，李晗果然很乐意提出自己的建议，两个人在这个方面还产生了更多的探讨。"帮助好感效应"告诉我们：人容易喜欢上向自己求助的人。

　　专家们曾做过一个有趣的实验：

　　他们请实验执行者告诉实验被试者，有一套问答题，答对就可以获得奖金。在他们回答完以后执行者就真的给予答对的人奖金。

但是这时执行者诚恳地向一部分被试者提出请求，表示："实验是用我自己的钱，现在资金用完了，但我必须进行实验，因此可不可以将这些奖金退还给我呢？"其中一部分人退还了奖金。

最后，心理学家请这些退还了奖金的被试者填写调查问卷，他们发现当执行者提出请求时，大多数实验者不仅退还了奖金，还对其产生了好感，这就是帮助好感效应。

这个效应对于女生来说是非常实用的，如果你向你心仪的人寻求他力所能及的帮助，他会对你产生一定的好感，不过请记住，是适度的寻求，过重的、对方力所不能及的请求则会伤害对方的自尊心，起反效果。

展示你作为女人娇小柔弱的一面，让他产生想要保护你的欲望。记住，这是你作为女人的优势，示弱、柔软是女人在感情中最强大的武器。

第二步：判断他的愿望。

第一次约会他们进行得很顺利，男生对女方的印象不错，主动送她回家，后续也经常在微信上进行沟通。

别把"男神"想得那么遥不可及，要知道喜欢他的人可能多，但很多人不一定有那个胆量去追，勇敢则是撼动世界的第一步。第一次约会顺利进行之后，你要清楚地明白，感性主表达型的人喜欢被更多人关注，所以如果男生有机会出席需要他抛头露面的场合，比如做一场公众演讲，在公司里做员工培训等，汪凝有机会的话都应该尽量积极地参与，并鼓励他、支持他，在朋友聚会中也满足他渴望成为焦点的愿望，一如既往地赞美他。

第三步：影响你的他。

通过主动沟通去传递感觉是影响感性主表达类型最好的方式。汪凝的每一步都是从对方的思维方式出发，去戳对方的点，加之在了解过程中他们发现彼此有许多的共同爱好，于是二人毫无悬念地在一起了。

当然，你要的是作为结婚对象的正牌女友的身份，而绝非是短暂的恋人关系，所以要和他持久地相处下去，也就是要到彼此给安全感的时候了。他喜欢分享表达，你也就事无巨细地告诉他。你们有共同的思想和良好的沟通是长久的基础，最后别忘了你的赞美和仰慕是多么的重要。如果真的爱对方，请彼此包容一些缺点和不足，他会牢牢被你拴住。

这就是最终搞定感性主表达类型的方法，你学会了吗？

加油，你向成功又迈进了一步。跟着我的思路，来了解感性思维类型的另一面，多愁善感、喜欢浪漫的感性主感受类型。

4.感性主感受——树叶黄了，他又开始多愁善感了

接下来是我要讲的最后一种情感思维，这种类型的人心地善良但脆弱敏感，也是之前我讲到的容易"作"的类型。

他们有时拒绝长大，导致内心极度缺乏安全感，所以他们才会喜欢胡思乱想，老是对自己的爱人疑神疑鬼，今天认为他撒谎骗自己，明天又觉得对方爱上自己的朋友，搞得自己神经兮兮。因为他们脆弱敏感，所以也是抑郁症的高发人群。

想想你身边的人，有没有时不时精神恍惚，有时候又敏感多疑的朋友，那么没错，他们就是感性主感受的人。我把这种人比作诗人，多愁善感也古灵精怪。

说起感性主感受型的人，会让我想起一首诗：

我说你是人间的四月天；

笑响点亮了四面风；

轻灵在春的光艳中交舞着变。

你是四月早天里的云烟，

黄昏吹着风的软，

星子在无意中闪，

细雨点洒在花前。

……

你是一树一树的花开，

是燕在梁间呢喃，

你是爱，是暖，是希望，

你是人间的四月天！

这是才女林徽因创作的诗歌，世人印象中的她，总是一副岁月静好、与世无争的模样。她文静随和，富有才情，并且敢爱敢恨，是个典型的感性主感受的女人。

想想你的女友，是不是多愁善感，常常思绪繁多，偶尔患得患失，还经常问"你爱不爱我"，而且她喜欢浪漫，相信直觉？如果是，恭喜你，这种类型的女人的优势是能给你带来无尽的新鲜感，比如你们准备旅行，她们会很细心地安排行程，能让你们旅途惊喜连连；如果你追求浪漫激情，她们同样能给你留下无比美好的回忆。但是你要包容他们的敏感，要给她们足够的安全感，才能让她们安定，愿意为你们的未来做打算。

来看看感性主感受型的人具体有什么特点。

感性主感受类型特征：

（1）对待他人比较随和，善良，有耐心；

（2）更在乎对方的感受；

（3）他/她相信直觉，喜欢浪漫；

（4）中规中矩，做事踏实，人缘好。

我把捧出真心爱我的她弄丢了

有一位杨先生找到我，说他的女友下决心要和他分手，之前两人是同居的状态，现在她已经搬走。

杨先生是美院油画专业毕业的，现在经营自己的工作室，他女友是美院的研究生，叫小茵，比杨先生小8岁。

两个人相处三年，起初两人的感情非常有热度，因为都是学绘画的，共同语言很多，渴望更多地探索对方身上未知的一面。小茵喜欢制造惊喜与浪漫，在感情上，小茵愿意为他做很多的尝试，她的风情万种也彻底俘获了杨先生。

双方见了父母并已经在商量结婚事宜，但同居之后二人的感情却慢慢发生了变化。杨先生几乎每天都泡在工作室里作画，或者忙其他工作上的事，不会主动去安排他们的约会，因为工作很累，休息的时间也就是宅在家里看电视之类的。

之后在小茵的建议下，杨先生有所调整，他把约会的时间定在每周日，作为一整天的二人世界时间，但就算这样，杨先生还是经常因为工作或其他的原因而不得不取消约会。逐渐地，他们两人的生活变得单调至极。

小茵喜欢摄影，性格比较独立，因为男朋友没时间陪她，恋爱期间小茵一个人单独旅行过两次，去了色达和泸沽湖旅行拍照。虽然一个人去得洒脱，但内心也是倍感孤独的。杨先生因为母亲的极度强势，造成他缺乏同理心和对女友的保护欲，在小茵难过或者哭泣的时候，杨先生一次都没有安慰过她，甚至会说你又开始"作"了，认为她矫情。

我们之前讲过，每个人都会习惯性地站在自己的角度看待问题，用自己的眼光去看待另一半，这样会造成一些非常大的隔阂，因为很多时候，你的想法并不一定是她的，你的认知也并不一定是她的。

所以为什么我说这一套理论很重要，因为只有了解这一套理论，你才会认识到"人是不一样的"，原来在这些事情上面，她是这样想的。

小茵的情绪一直找不到出口，于是选择了另外一个一直喜欢她的人，跟杨先生提出分手并搬走了。

我们之前说过，感性思维类型的人不管是主表达还是主感受，都喜欢不同姿态的生活，希望每个阶段有新的惊喜和挑战，如果有一天，生活毫无乐趣，他们会不假思索地换一个人。

杨先生想修复这段关系是非常困难的，毕竟对方已经变了心，再加上杨先生本身存在的一些性格缺点要纠正也是很不容易的。但杨先生三番五次地找到我，希望改善他们的关系。

我首先要了解的是他渴望修复关系的目的不是基于不甘或报复的心理，毕竟是对方变了心，对他又何尝不是一种打击。但杨先生的确意识到了自己的不足，他认为自己在相处的过程中确实没有给对方足够的陪伴，就算自己能抽出空的时候也没有考虑对方的感受，缺乏陪伴和理解是摧毁他们爱情的最主要原因。看得出来杨先生非常爱对方，很愿意为之做出改变，于是我决定尝试帮助他。

我曾经说，爱情的核心是平衡。在这段关系中，杨先生并没有抓住对方的核心需求，而这种核心需求的不满足导致女孩子长期积累的负面能量找不到出口，最后爱上别人，二人以分手告终。那么，感性主感受型的人核心需求到底是什么呢？我们又应该如何挖掘出这类人的核心需求呢？

记住：感性主感受的人最在乎的是你有没有在乎他的感受，其

次再说理解他的感受。

其实换一个思维方式你就会明白，解决这个问题的关键是：

先让对方找到情绪的出口，在对方情绪崩塌的时候植入场景，让对方意识到原来很多事情只是自己没有发现，而并不是杨先生没有给予，最终设定一个时间开关，等待时间窗口出现的时候，一举拿下。

基于这样的思路，我给杨先生的具体操作建议是这样的：

第一步，攻心。

杨先生用四天的时间先去色达和泸沽湖，也就是小茵之前单独去过的地方，用VLOG（视频日志）的形式拍摄整个行程，结合旅程配上自己这一路走来的心情，也回顾了和小茵在谈恋爱期间自己没有照顾到对方的感受等这些事情，然后把视频上传到微博，邀请好友来这条微博下留言助攻，大概的内容是这样的："你们真的太可惜了""看得出来你很爱小茵""失去之后能用心去反思自己的问题，这一点很棒"……整个评论区营造了积极讨论的氛围，为接下来行动打下基础。

第二步，伐谋。

某天晚上，杨先生的朋友联系小茵，跟她说："你知道你火了吗？你赶紧去看看这个内容。"

小茵感觉莫名其妙，但是看完杨先生微博上的视频，再加上评论区的那些留言，她也回忆起了两个人从刚认识，到最后分开的点点滴滴，不禁泪流满面，感觉非常惋惜。

　　她开始询问杨先生的近况，这位朋友也如实讲了："感觉他在这段感情里出不来了，我们很担心他，干脆择日不如撞日，今天把他约出来，你安慰一下他，劝他放下就好了。"小茵想了想也就答应了。

　　这位朋友将两人约到一个比较安静的咖啡店，杨先生抱了一大堆之前小茵送给自己的礼物，如数家珍一样给小茵讲这些礼物是什么时间、什么情况下小茵送给自己的，本来想安慰对方的小茵看到这些，更是勾起了之前的回忆，哭着劝杨先生放下。

　　当天晚上，在朋友的陪伴下，两个人敞开心扉聊了很多，小茵也意识到其实之前真的有一些误会。

　　第三步，逆转。

　　这样过去了一个多月，虽然小茵没有答应杨先生和好，但是两个人偶尔都会聊聊彼此的生活，这段时间，小茵也了解到对方更多的优点，比如，杨先生其实是一个心思细腻的人，以前是情侣的时候反而没有发现，而自己赌气马上结识的新欢好像和杨先生比较起来，并没有优秀太多。

　　小茵将自己内心的想法跟闺密讲了，这位闺密其实一直都比较支持杨先生，毕竟两个人认识时间更长，也更欣赏他的才气，于是，她也把这个信息传递给了杨先生。

时机差不多成熟了，杨先生的个人画展也马上开幕了，他邀请了小茵还有她的朋友一起来捧场，因为两个人最近相处就像朋友一样，因此邀请非常顺利。

这次画展的主题是：关于爱的渴望。主题区的画描述的都是之前杨先生答应小茵的各种承诺，画中的女主角就是小茵，看到这些，再想起之前两个人的夜谈，往日种种浮现，小茵也暗自做了决定。当然，后面两个人也经历了很多的事情，最终小茵回到了杨先生身边，两个人也很幸福地在一起了。

让爱情起死回生的秘密

前面讲过那么多关于预防危机和修复感情的话题，一般这个时候，就会有人来问，对于感性思维类型的人来说，破灭的爱情真的可以起死回生吗？换一个人是不是会更好？

我想表达两个观点：首先，真爱不易，当你选择和一个人在一起的那一瞬间，就注定你们两个人会发生很多很多故事，只是，当你面临关系重大危机的时候，你依然第一时间想到的还是她/他的各种好，那么，我可以确定，你们一定是真爱。要想起死回生，先了解一下如何与感性主感受型的人进行良好沟通。

针对感性主感受类型的沟通策略：

（1）遇到问题，需要给他足够的时间思考和处理，不要逼迫他做决定；

（2）日常生活中，多倾听，和他表达你内心积极的感受；

（3）确定的事情才告知他，并让他知道这些事情对他有利。

现在我们所要做的是：主动改变并让她知道——让她知道你深爱着她——唤起共同回忆——承诺。

判断感性主感受类型的需求与愿望：

对于感性主感受类型的人来说，感觉是他们生命中永恒不变的主题，所以他们的愿望更多的体现在如何让自己体会到更加高级的感受，如何让自己的心情随时都保持愉悦。

针对这一点，你需要学会去满足他们的愿望，可以采取这样的步骤：

（1）观察什么是让他们有较好感受的行为或者表达。虽然可能都是同类型的人，但是具体到每个人的身上，其实愿望与需求都是不一样的，需要的感受也是不同的。

所以需要通过观察来判断，当你采取什么样的行动或者说哪种类型的话时，她会有正向的反应，比如开心、喜悦，赞赏等回馈。

（2）采取行动。确定这些能够带给他良好感受的方面，就可以在生活中多进行安排，填充你们的生活。

比如说他喜欢和你两人躺在床上聊天的感觉，那么你就可以尽量去迎合他，在他找你聊天的时间里，全身心的投入、配合，让她能够产生正向情绪。

创造能够让他在当下放松和开心的机会非常重要，他活在当下，你需要养成对方只有你可以给予这种感觉的印象。

（3）期望管理。在和感性主感受类型相处的过程中，期望管理是特别重要的部分，因为好的期望管理能带给他强烈的愉悦体验。

感受=结果-预期

上面这个是期望管理的公式，一个人的感受是受到结果和自己期望这两个因素影响的，也就是说你的结果越超过他的意料，他的感受越强烈，反过来，他的预期越小，最后的感觉也会越强烈。

那么我们就可以通过提高最后的结果或者是减少对方的预期，来让他体验到更美妙的感受。

举个例子，下个周就是他的生日，你订了旋转餐厅，准备和他一起去过一个浪漫的夜晚。这个结果就是你们去旋转餐厅吃饭，是既定的，所以你需要调整他的期望。如果你告诉他，下周你生日我请你去旋转餐厅吃饭，那么他的期望就会提高，最后获得的感受就没有那么强烈。

相反，如果你什么都不说，甚至告诉他：下周你过生日的时候我可能得出差，那么他的预期会变得非常低，在结果不变的情况下，这个时候他看到你在旋转餐厅的订位，会有非常强烈的感受。

针对感性主感受型人的影响策略：

他需要你不停地认可和肯定。因为他没有太多的安全感，但是他不喜欢你太刻意地表露这些，这一点很重要。

我有一部分学员，在知道主感受感性思维方式的人需要认可与肯定之后，就开始很刻意地去做这些事情，比如连续不断地进行赞美、对一些莫名其妙的事情进行肯定，这样的行为只会让主感受感性思维方式的人更加抗拒，因为他很清楚，你表现出来的认可，都是为了认可而认可，而不是出自真心。这种思维方式的人都非常敏感，只有抱着真诚的态度才能够打动他们。

所以，要想影响到感性主感受类型的人，你需要做的就是让他对某件特定的事情产生愉悦的感受就好，这样的感受会让他不由自主地想要去重复这件事情，再次获取这样的感受。

举个例子，你的男朋友就是感性主感受类型的，他非常不喜欢陪你逛街，觉得每次两人一起逛街他都很无聊，就是看着你不停地换衣服、换衣服、换衣服。可是你却很喜欢男朋友陪自己逛街，觉得这样的感觉很幸福。随着交往的深入，你的男朋友越来越不愿意陪你逛街了，因为他觉得真的很没有意思。

现在问题来了，你很想要男朋友陪你逛街，但是他不愿意该怎么办呢？

既然你的男朋友是感性主感受类型，那么我们就可以利用这种思维模式特别注重感受和感觉的这一特点，来影响他。

比如，你一直知道男朋友喜欢去电玩城玩，但是你不喜欢，所以出去玩的时候你们基本上不去电玩城。那么在这个你想要改变他对逛街这件事情观感的时候，完全就可以运用他喜欢去电玩城玩这个点来改变他的感受。

比如你可以告诉他：亲爱的，我们今天去逛街吧。

他的回应肯定会有些负面：啊？又要去逛街啊，不想去。

你说：不去你可能会后悔！

他会问：为什么？

你告诉他：我本来还准备说你陪我逛街辛苦了，我们逛街几个小时，就去电玩城玩几个小时呢，既然你不想去，那就算了。

这个时候，要去电玩城带来的美好感受肯定会综合一部分他对逛街这件事情的抵触，并且在逛街的过程中，他不会像之前一样无所事事，百无聊赖，反而会觉得逛久一点儿也无所谓，这样的话，可以在电玩城多玩一会儿，也就对逛街这件事情提起了劲头。

以上的这个案例就是针对感性主感受类型的特点，有计划地去影响他的感受，进而影响他的行为。

现在，你明白到底该怎么做了吗？

请你也思考一下，如果对方是感性思维方式的人，他属于哪一类，是主感受？还是主表达？如果你是感性思维方式的人，你又属于哪一类呢？

明确了这两个方面，你就可以根据自己的思维方式与对方思维方式的相同点与差异点，调整彼此之间的相处模式，用他能够接受的方式去对待他，满足他的各类需求，让他在感情中卸下防御，同时用你的行为去影响他，让他能够满足你在感情中的某些需求，从而形成一个良性的循环，减少矛盾的发生。

正所谓"知己知彼百战百胜"，当你掌握这一套实践理论之后，就会发现很多之前困扰你的问题，都迎刃而解。

关于四种行为特征，我讲得比较多，希望你能够反复去理解和套用，这样才能精确判读。你需要知道的就是，他们的区别在于，理性思维类型关注具体的事情，感性思维类型关注具体的人。

你以为他只有一种思维方式？

有时候你会发现一个很奇怪的现象：你的另一半和很多人在一起的时候和跟你独处的时候，是完全不一样的状态。

比如，周末你和你的几个好朋友约了郊游活动，在你朋友面前，他侃侃而谈，你的朋友什么感兴趣，他就聊什么话题，大家都很喜欢他，但是呢，这个时候你就很纳闷了，为什么两个人独处的时候，他不跟你聊这些，而且话还特别少，你会想，他是不是有"精神分裂"，还是不够那么爱我？

事实上，他并不是你想的那样，因为每个人在不同的场景下都会选择对自己有利的思维方式来展开自己的行为，或者说，他一定会选择一个让自己舒适的思维方式。就像刚才的例子，很多人在一起的时候，他体现的是主表达的一面，因为需要照顾到每一个人的情绪，同时也有成为焦点的渴望，毕竟这个事情关系到你和他的颜面，但是呢，在和你独处的时候，你们长此以往的相处方式就是如此，他也觉得这样的状态比较舒适，就选择了主感受，或许他觉得你们两个已经很熟悉了，不需要去证明自己知识面特别丰富，也不需要太关注你的情绪，只需要静静地享受和你独处的感觉。所以，他并没有变，也不是不够爱你，只是他的思维决策如此而已。

另外，我这里还有一个所有人都遵循的规律：场景——思维——行为表现。

具体的解释就是，一个人的行为表现并不是莫名其妙产生的，而是场景会对我们产生一部分影响，除此之外，我们自身的思维模式也会对我们产生影响。

基于这样的情况，我们就可以根据具体的场景去判断对方的思维方式，同时还需要通过对方的某些行为去反推他的思维模式，最后选择对应的策略，在一段关系中，理解对方思维方式的变化是非常重要的，你的理解将会让对方更加依赖你，这也是亘古不变的真理。

第3章

解决爱情难题的灵丹妙药

一场烟花盛宴引发的思考

假如此时，你和你的男朋友正在外滩约会，打算一起欣赏一场绝美的烟花盛宴。

美丽绚烂的烟花转瞬即逝，可能当你还沉浸在这无比浪漫的画面中，或者感叹这么美好的风景却容易消逝的时候，你男朋友来了一句："放这么多烟花太污染环境啦！"你肯定是特别无语，顿时好心情全没了。是的，这就是一个理性思维的人和感性思维的人之间明显的思维误差。

可能你看到了湖泊会顿时感到宁静，感受到大自然的包容和神奇的造物能力，而你的伴侣看见湖泊可能只会思考这是由于什么地形形成的湖泊呢？它的水源是来自自然雨水，还是周围雪山的引流呢？

不光如此，比如你们一起旅游，你看到有小朋友吹泡泡，会一边感叹泡泡的美丽，却又一边哀伤泡泡生命的短暂，感叹一个人的生命也不过如此，而你理性思维的另一半可能就直接在你旁边开始说，

"你看那个小孩在吹泡泡，这种肥皂水骗了多少人的童年啊。"

你或许会纳闷了："我们怎么老是不在一个频道上呢？""你为什么老是要跟我对着干呢？是故意气我的吗？"但是如果你这样说出了指责和批评的话，会换来什么？就是争吵，烦恼，死心和决绝。既然这样的方式带不来一点儿好的结果，那为什么我们还要不断地重复使用呢？

而我要告诉你，别去怪你的男友没有情趣，你也别因为你的女友太多愁善感就避而远之。不要试图去改变对方，也不要不断强调自己的立场。

你只需要向他正在看的方向看去，你也会看到你刚才没有看见的一面，从而恍然大悟——原来在他这边的风景，跟你看到的原本就大相径庭，然后学会尊重彼此的差异，试着理解对方善良的心。

通过前面两个部分的介绍，我们已经感受了理性思维和感性思维这两种不同思维方式里逻辑性的差异，也明白了一些关于不同思维方式、行为特征的差异性，还有针对它们的操作策略，请跟着我的思路，耐心一点，后面你会看到更多情感问题的解决方法。

那么，现在我想先告诉你我的一个重点思路：就是你要明白理性思维和感性思维下4种细分的行为特征。

理性思维分化原则：

理性思维的人可以分化为具体的2种行为特征：控制型和要求型。控制型就是对事情的结果特别关注，他不一定在乎你是怎么得到这个结果的，但跟他相处就一定要满足他的目的，而要求型则比较在意事情的细节，也就是这件事情的条条框框他要清楚，因为他有一套自己的行事原则，而这些条条框框是否满足他的行事原则非常关键。

总结下来就是，理性思维的人关注的是具体的事情，不管是控制型，还是要求型，都是和具体的事情有关系，事情本身是最值得他关注的。

所以看到烟花他们会喜欢去联系实际，联想到空气污染、噪音喧哗等问题，并且有可能在脑海里盘算着应该怎么解决，如果他是商人，也许还会敏锐地洞察到商机。这就是理性思维。

如果他想到的是空气污染，那就会想该怎么通过物理方法解决了，那他很可能是要求型的人，而如果他想的是空气污染这件事可以和政府达成合作，实现盈利的目的，那么他很可能就是控制型的人，通过这些细节，你也能对你的另一半做一个行为特征的预判。

感性思维分化原则：

感性思维的人也可以分化为两种具体的行为特征：表达型和感受型，感性思维的人关注的重点是人。

比如，你因为加班了不能陪你的另一半，你跟她解释很久，你有多么忙，你还有多少事等着去做，她一定是不能理解的，她只能感到自己有多沮丧，或者你在她和工作之间选择了工作，她会对你感到愤恨；如果感到沮丧，但还是独自承受的，很可能是感受型的人，如果是感到愤恨就和你吵架的人呢，很可能就是表达型的人。

　　总结来说就是，他们不管是表达型，还是感受型，都是和人（或者人的感受）产生联系的，他们在意的是与人的语言沟通和行动交互中产生的情绪。

　　就像他们看到烟花会联想到各种不一样的幻境，有美好的，忧郁的等，这些都跟他当下的情绪有关。而且往往感受型思维的人的联想都不太具象，甚至自己都描述不出来，所以你会觉得他们的情感丰富，细腻敏感，容易情绪化，但是他们是天才，具有惊人的想象力与创造力，要知道右脑思维（感性思维）是非常高级的思维。

　　大部分文学家和艺术家都是以感性思维为主导的类型。我非常喜欢的一位英国女作家——弗吉尼亚·伍尔夫，她就是一位典型的感性思维的人，她的散文作品《飞蛾之死》中有一段对飞蛾从飞翔再到面临死亡时的细致描写，惟妙惟肖。

　　她在作品中用飞蛾面临死亡的态度来预示自己对死亡的态度，你可以想象她就坐在一个角落里仔细观察了一天的飞蛾，通过观察普通自然界生物的生命现象逐渐凝结成自己的思想精华，以一部优秀的文学作品呈现在我们面前。

　　这就是属于感性思维的人才有的细腻，当然，讲到感性思维的人，你或许会想到无病呻吟、患得患失、杞人忧天等等相对贬义的形容词，甚至会认为感性思维的人总是过于情绪化，而显得幼稚、无理取闹，但是呢，我希望你能用不一样的视角来看待他们，给他们一个公正的眼光。

1.从思维模式和行为特征中找策略

为什么你和另一半的沟通总是那么难?

你现在理解你应该如何与你的另一半相处了吗?或者如何引导你的另一半来和你相处?

和谐相处的前提,就是找到对方的思维模式,对方的行为特征,首先做到了解自己和对方的思维差异性,然后再通过一些策略来影响另一半的思考方式(想法),进而改变对方的行为习惯,在彼此适应和影响的过程中磨合,就能实现长久的稳定。

所以这也是我想要达成的一个目的,为了引导对方来认同你和迎合你,我们需要用到的策略包括:沟通策略、行为管理策略和影响策略,这些我们在本书后面的篇章里会做具体的策略分解。

这里我想要教给你一个记忆这些操作要点的方法:你在一开始的时候,只需要记住你需要的知识点就可以了。

比如,简单来说,你自己是理性思维的人,对方是感性思维的人,你只需要记住针对感性思维的策略就好了,当你能够灵活运用之后,再去回顾针对理性思维的人的操作要点,这样学习,就会事半功倍。

同时我也说过,我们都不可能是单一思维模式的人,像我自己,我就是一个理性思维主控制,感性思维主表达的人。

我很喜欢掌控全局,也喜欢表达自我。在工作中我会制定好目标,给到自己预期的结果,渴望所有事情都朝着我预期的方向发展，并且我愿意为之付出努力和行动。

在人际交往中我也比较健谈，如果合适，我会多发表一些言论，分享自己一些不同的经历和有趣的观点，如果得到了认可，我就会很开心，我还尤其乐意与我的朋友分享我的观点和看法，能和他们有精神上的共鸣会让我产生一种无法比拟的快乐，这种感觉怎么形容，就像伯牙与子期，高山流水一样的友情。

当然也有时候，这两种思维方式同时在我身上存在，我在判断一件事情的时候会感到纠结，但是我依然喜欢两种思维切换时，所体会到的人类思维的复杂有趣。

所以我愿意接纳自己，那么我在对待我身边所有人，当然重点是对待我的伴侣的时候，我愿意站在她的角度去思考问题，想想她现在的思维方式是什么，然后找到她能接受的方式来跟她沟通。这样我的伴侣也会感到开心，这样的相处方式让我感到快乐。

如果是你，也许你在寻找自己的思维方式并对号入座的时候，你会发现每一种特质你都多少拥有一些，你感到疑惑了，自己到底是哪一种思维方式呢？

别担心，这个时候只要去判断哪种特质你拥有的更多一些，概括出两种思维组合在一起也好，比如你可能是理性思维主要求型，感性思维主感受型两者并存的；或者你是感性思维主感受型，和理性思维主控制型并存等。

另外，我的一些学员也反馈了关于怎么才能够更好地掌握两种思维方式、四种行为特征的区分方法，以及如何运用沟通策略、行为管理策略、影响策略来影响自己另一半的行为等问题。

对此，我想说的是，这套操作体系来之不易，是我在十几年婚恋咨询实战操作过程中总结和提炼出来的，然后转化成最适合你快速学习的策略，这不是什么大道理和心灵鸡汤，这是关于思维方式和操作策略的训练体系。

如果你只是简单看完了，不去思考，不去运用，那么你仅仅是浪费了你的时间和精力罢了，它一定不会对你起任何作用。我非常真诚地希望你能够灵活运用，多一些耐心和信心，期待我们能共同进步。

前面已经跟你介绍了我们要根据对方不同的思维方式、不同的行为特征来找到跟对方相处的方式，那么这一小节我们来说说怎么针对理性思维和感性思维的人灵活运用沟通策略。我希望你能结合我讲的案例，举一反三进行练习，这是本节学习和训练的要点。

根据我很多学员的反馈，我发现这样一个问题：很多人知道了思维方式和行为特征的区分方法和沟通策略的基本原则，在分析起自己面临的困惑的时候都还是比较准确，但是在运用的时候就懵了，生搬硬套，又或者完全不知道怎么运用。

我有讲到，沟通的意义是在于对方的回应，沟通没有对与错，只有"有效果"或者"没有效果"之分，这是一个不断去尝试和修正的过程，如果对方没有反馈，说明你的方法是无效的，你需要马上换一个策略，如果对方有反馈，说明你的方法是有效的，你就需要乘胜追击，扩大你的战果。

那么，到底什么是有效沟通？不同的情况下又应该如何选择沟通方式呢？

市面上有各种各样的书籍和学说，其中也罗列了各种各样的沟通技巧，但是有一个问题，就是这些技巧很多都是在同样的框架中构建沟通桥梁。

我们稍微有点常识的人都知道，同样一句话，你跟不同的人讲，得到的反馈是不一样的，所以我们应该先判断对方是什么类型再根据相应类型找到应对策略。

说好一起做饭结果又是我一个人张罗

李俊和王娟是一对年轻的情侣，本来周五约好了下班之后男生负责买菜女生负责做饭，两个人一起过一个浪漫的家庭日。但是，到了周五这天李俊因为加班，要晚一点儿下班。

他这样发信息告诉王娟："今天因为单位有事情，要晚一点儿下班了，我不能去买菜了，只有麻烦你去买了。"

那王娟收到男朋友发来的短信，她会怎么想呢？

如果她是一个理性思维的人，她可能会纠结到底李俊的单位有什么具体的事情一定要加班，是不是他本来就不想去，嫌麻烦找的借口呢？不行，他最好是给我一个更有说服力的解释。

假如她是一个感性思维的女生呢？她就会觉得男友的临时变卦很没有诚意，至少他应该先道歉，哄一哄她，再说具体的事情吧。

记住，当你们之间发生冲突的时候，第一件事情是思考到底什么地方出现了什么误会，先去消除误会。要知道误会就像丝袜上的小洞，在没有消除的情况下沟通，只会让它越来越严重，你要做的是在这个"洞"上打"补丁"，再沟通。

等回到家，理性思维的女生可能嘴巴上不会说什么，但是脸色就是不好看，她会一直纠结你是不是为了逃避做事才找的借口。男生可能还在想："你干吗莫名其妙地黑脸呢？"

本来一起做饭是一件浪漫的事情，结果却变得尴尬起来。

针对理性思维的女生，男生只要就事论事解释清楚具体的事情是什么就好了，你可以说："怎么脸色不好呢，是不高兴我没陪你买菜吗？"

如果她没有回答，就是默认了，你就在这个时候把具体的事情说一遍，为什么没有去，是什么样的事情导致你的计划赶不上变化，记住要说细节，只有告诉她细节，她才会如释重负，并且相信你。

而感性思维的女生，她可能会转移重点，给男生吐槽自己刚才临时去买菜有多尴尬，或者抱怨一下其他的事情，但是你知道，她不开心了。这个时候男生心知肚明是因为加班导致的不高兴，但面对她负面情绪的状态，会烦躁地认为，她实在太"作"了！

针对感性思维的女生，如果你爱她并且希望关系长久，那你就要尊重她们敏感的心灵，她们的敏感是来源于男生的态度。

这个时候请收起你的霸道坚毅，想想她是需要你呵护爱惜的人，你要做的是先表明态度，再说具体的事情就好了。言辞要诚恳，先说的确很希望和你一起去——表明态度，但是确实有事——说明原委。

这个时候她肯定也会心疼你，不仅谅解你，还会多做两个菜给你。记住，感性思维的人要的是态度！

其实我们与另一半大部分的矛盾，都是因为这些日常生活中的细节造成的，只是时间长了以后，你根本回忆不起来到底是什么原因，反而去责怪对方不懂自己。

刚刚讲的只是我们日常生活中的一件小事，我相信你也曾经遇到过类似的情况，如果你不懂得如何针对性地根据对方当下的思维方式运用沟通策略，而只是由着自己的性子，想怎么样就怎么样的话，只会升级你们的矛盾，本来很小的事情就会变成争执甚至分手，比如刚才的这个案例。

矛盾发生的时候，想想你们的目的，目的肯定不是争吵，目的是和谐相处，目的是彼此更理解对方。

所以，当矛盾发生的时候，一定不要一股脑去宣泄自己的情绪，第一步，深呼吸理清思路；第二步，想想自己要的结果是和谐；第三步，想想他的思维方式，再去跟对方沟通。

如果你清楚对方的思维方式，懂得如何用彼此都能接受的方式去处理问题，你的生活会像清澈的河流一样，精神富足的感觉会滋养你，会赋予你更多的能量，你的成就将不仅仅如此，你会有更多的精力和时间为两个人的幸福努力和奋斗。

那么，就请你从现在开始，尽量避免和化解掉生活中的小矛盾，好吗？

2.如何应用沟通的适配性原则

从第一章开始到现在，我其实一直强调，尊重和理解非常重要，要想让对方懂自己，尊重自己，你得先迈出自己的第一步。那么这一步我们应该怎么去迈，怎么样去引导对方来尊重和理解自己呢？

我想要你记住一个重点，适配性原则。什么是适配性原则呢？顾名思义，合适的匹配原则。我们都知道，理性思维的人是对事，感性思维的人是对人，理性思维的人在乎的是事情本身是否可解决，感性思维的人在乎的是当下这个人的情绪是否可感知。

理性思维类型人的适配性原则是，对事不对人，围绕他关注的事情展开沟通是关键，解决问题最重要。

在前面一节里李俊和王娟的案例中，理性思维的女生比较纠结他是否是为了逃避买菜这件事情而撒谎。如果没有一个合理的理由，她会按照自己认为的样子来判断。

如果她又是一个主要求的理性思维的人，就更麻烦了，她会深度解读，是不是男友不够爱她、不够体谅她才会这样，是不是男友根本不在乎这次约会，所以呢，讲清楚事情，对于她来说就非常重要了。

感性思维的人的适配性原则是，对人不对事，围绕他在乎的感受展开沟通是关键，感知到对方的情绪最重要。

还是拿刚才的李俊和王娟这对情侣的个案来分析，如果王娟是主表达的感性思维的人，打电话说明情况或许比发信息更好，效率更高。因为对方可以有机会去抱怨一下你，她的声音能够恰到好处地传递她当下的情绪，她也能感知到你的关注。

如果她是主感受的感性思维的人，你发信息的长度就很重要了，至少得让她知道，你有多么无可奈何，多么心疼她，如果真的沟通到这个地步的话，可能你不回去吃饭，她都不会怪你，反而会更心疼你。

知道基本的适配性原则之后，接下来我讲一下具体的沟通策略运用。

快离婚的我们出现了惊人转机

记住无论你和对方身处何种情况，所有的沟通都是有目标的，最好的目标就是彼此认同，但现在的情况是，我们很多人都想要别人先付出，也就是别人一定要迈出这一步，你才会跟上他的步伐。

想想看，你们的相处是不是这样的呢？又或者，你得迈出好几步，别人才会跟上一步，这个时候，你心里就不爽了，凭什么我付出要多一些呢？对，你的这个想法并没有错，所以在所有的沟通过程中，"引导"是让对方主动付出多少的关键，也是对方是否可以跟上你的步伐的关键，而这些关键，都是有规律的。

那么，我们到底应该如何找到规律，在沟通去达成"引导"这个关键呢？

两个名词，请记住：大圈套和小圈套。这是什么？怎么用？

"大圈套"和"小圈套"的实操是来自于NLP（Neuro-Linguistic Programming）神经语言程序学的"上堆下切法"，"上堆下切法"是NLP的检定语言模式的技巧之一。

"上堆"的语言，总的来说是要找出对方做事情的动机，把它带入更大、更广泛的事物或意义。

你问："你常常骂孩子，是希望得到什么？"

对方说："我希望他能够上进，成为一个好孩子。"

这时，我们就可以回应："希望他能够上进，除了责骂，应该有其他的方式和途径吧？"以此引导对方。

或者回应："是啊，你这样都是为了他好。"以此引起共鸣，再去继续引导。

这就是我们所谓的"大圈套"。

"下切"是通过将对方的话进行细化了，以了解对方深层结构的技巧，比如了解某种说法的具体事实。

我们举个例子，当一个人说"老板故意刁难我"时，我们可以做如下处理：

问："他是怎么刁难你的？"

答："他总说我做事情马虎。"

问："怎么表现出你的马虎？"

答："打文件总有错别字。"

这就是我们所谓的"小圈套"。

总结起来说就是，"大圈套"是宏观的框架，"小圈套"是聚焦的细节。在跟对方沟通的时候为了达到引导的目的，我们可以运用这两种方法去达成有效沟通，从而升华两个人的关系。

接下来，我们通过一个实际的个案，来看看这个"大圈套""小圈套"该怎么应用。

有一对结婚两年多的夫妻，老婆是感性思维主感受的人，老公是理性思维主要求的人，因为婆媳关系长期不合，老公感觉自己里外不是人，所以离家出走了，想要离婚。

他们已经一个月没有见面了，虽然两个人还是能够偶尔打个电话什么的，就是不能见面，无论如何老公就是不想回家，老婆也很苦恼，不知道应该怎么办才好。

我在分析完委托人的具体情况之后发现，需要运用"引导"的沟通策略，因为目前来看，两个人是可以交流的，也就是交流的媒介并没有断开。当下需要解决的问题是，针对这样的情况，如何促成引导的沟通、通过引导创造能够见面的机会呢？我们就要用"大圈套"和"小圈套"的策略来扭转局面。

首先需要制造见面的机会，我发现他们两个人在平时电话聊天的时候基本上都是围绕"回家"这个话题展开的，这样的话题聊多了，无论是谁，都会觉得烦，所以，见面的理由一定不能是我们俩聊聊看看怎么解决之类的话题。

我发现很多产生危机的情侣和夫妻一旦发生问题了，就会说，我们当面说清楚，我们见面来谈谈我知道自己错了等，你需要知道的是爱情中没有对错，如果能够几句话谈清楚的，那就不是爱情了，爱情是一种感觉，是彼此的感受，当对方针对"回家"这个话题没有好的感受的时候，需要做的是，通过传递好的感受引导对方见面。

在对他们日常相处情况做完具体分析之后，我发现，感性思维主感受的老婆对于老公的依赖是很多的，她的老公也很乐于在生活上和工作上给她一些建议

于是，我让她先和老公在工作话题展开聊天，寻求老公的建议和帮助，对于理性思维主要求的人来说，帮助他人，给他人意见是自己最喜闻乐见的事情了，这样有了几次对话之后，以某一个具体问题需要见面聊，寻求更多帮助为理由制造了见面的机会。

两个人有了新的沟通机会并且见面了，在聊到两个人关系的时候，我们是这样来运用"大圈套"的，老婆对老公说了这样一句话："抛开你对我的看法，如果有一天你选择回来，会是什么样的原因呢？"对方回答："眼不见为净，你离开了我就回来。"

很多人如果听到对方说这句话会怎么办？是不是会觉得没有办法逆转关系了，对方已经死心了？那么你就大错特错了，还没有

开始我们的引导步骤，你怎么知道对方死心没有？于是，老婆继续这样问："我说了抛开你对我的看法，你看会不会是这样的，我和咱妈都不会烦你了，你不会因为这些事情苦恼了。"老公沉默了半天，点了一下头。

老婆继续说："确实婆媳关系对家庭的影响太大了，最近我也在和咱妈沟通，也在努力做好媳妇该做的事情，感觉咱妈对我也有一些改观了。"

对方回答："改观什么，你上次家里买房还借了她的私房钱一直没有还，她一直在跟我说。"

老婆继续："这个事情我已经和我父母说了，准备这周亲自把钱送回去给婆婆。"

老公又继续讲一些生活中的事情，老婆继续讲自己怎么解决的，最后，两个人聊到了"很久没有见面"，老婆想给老公送点衣服过去，老公接受了。

你们看，本来是完全没有见面可能的两个人，只是因为语言上的变化，就有了关系上的变化。

那么在这个对话里面是怎么体现的"大圈套"和"小圈套"的引导策略呢？

首先，老婆在一开始讲话的时候，就设置了一个"大圈套"：抛开所有前置条件怎么才能回家，这是一个前置条件，但是可惜的是，老公没有接招，不过没有关系，因为已经设置了话题的基调，所以这个时候用了一个"小圈套"，运用理性思维适配性原则，对事不对人。

这个时候讲感情肯定是没有用的，因为对方是主要求的理性思维的人，得把解决事情的关键点指出来，然后等对方上钩，两个人有了一次比较好的沟通，也创造了继续见面的机会。

通过这一个案，我想要告诉你的就是，所谓"大圈套"，就是在沟通的时候设置话题的宽度，让对方有更多选择和补充的可能。

从写文章的这个角度来说，"大圈套"就是立题，定基调，定框架；而"小圈套"，就是在沟通的时候，结合适配性原则，聚焦到问题的关键，引导对方参与到你设置的点上来，把"小圈套"灵活运用，无论对方如何出招和接招，你都可以顺利引导。

没有什么是一顿火锅解决不了的

我们再看这样一个案例，一对通过朋友介绍认识，正在接触中的年轻人，男生是理性思维主控制的人，女生是感性思维主感受的人，他们最近见面的次数变得少了，男生每次邀约的时候，女生都是各种理由不出来，男生觉得他们的关系没有进展。

他找到我们，希望能解决问题。分析完具体情况之后，我们发现，男生每次的邀约都是直来直去，比如他会把吃饭的地点直接发给女生，因为不顺路就自己先去，让女生打车过来，吃完以后也是各回各家，女生不是非常能够接受这样的邀约风格。

问题的关键在于，理性思维的男生完全顾及不到感性思维女生的感受，所以一来二去，女生已基本拒绝他的邀约了。

我们首先要做的就是把女生先约出来：让男生先发了几张图片给女生，都是最近比较火的几家火锅店的照片，虽然女生比较喜欢吃火锅，但没有直接回应他，只是发了一个问号。

男生这样说："这几家店是目前本城美食榜火锅店的网红店，你说如果请一个重口味的人吃饭，要她吃过了就忘不掉，应该去哪一家？这个对我很重要。"

女生回："第二家我去过，还不错，你请谁，那么重要？"

男生："那我去考察一下，对了，据说火锅发源地重庆那边有一个风俗，就是吃完火锅一定要去做一件事情，这会让你感觉到非常的棒，我也是今天才知道。"

女生好奇："什么事？"

男生："看来你也不知道？"

女生："不知道。"

男生："好吧，其实我本来就是想带你去吃的，然后能再去体验一下这个非常棒的活动，那就完美了，可以吗？"

女生："我考虑一下。"

男生："就明天下午吧，我五点来你下班的地方接你，很紧俏哦，我都预约好，重点是饭后活动。"

女生最后答应了赴约。

到这里，完美邀约达成。其实那个所谓的饭后活动并不重要，任何活动我们都可以称之为饭后活动，我们只要自行安排一点不一样的行动来陪女生完成就行，重要的是女生和男生交流过程中的神秘感和愉悦感。

同样的，我们来看一下，创造引导的沟通策略是如何运用的，也请你跟上我们的节奏。快速打开自己的思维，想想看，引导策略是如何运作的？

首先，在这个个案里面，从发图片开始，我们就已经定下了讨论话题的基调了，也就是无论女生怎么选，我们都是以"火锅"的话题为基调，这个就是"大圈套"。

再次，我们的攻略计划是，引导对方对于饭后活动的好奇，当然如果你觉得什么饭后活动很无聊，那你一定是理性思维，在感性思维的人看起来，这个还是很具有吸引力的，关键在于探索未知的欲望被激发出来了，这个用的就是"小圈套"。

最后，我们让男方必须完成对女方的接送，这也是很重要的方面。女生是感性思维的人，她不愿出来的原因很大程度是认为男方不体贴，不够照顾她的感受，所以如果你也想追求心仪对象，主动接送女生算是在追求阶段要付出的最基本的行动了。

我不断强调的是，"大圈套"是立题定基调，"小圈套"就是聚焦细节。

直白点讲，就是在沟通的过程中，你要始终把握话题的方向，多做一些练习，让自己去适应这样的思维模式，你很快就会掌握要领并熟练使用。

不仅仅是在与另一半沟通上，在与你身边的同事和朋友进行沟通的时候，用这个方法同样能够让你在对方不察觉你的意图的情况下掌握一些重要的信息。

"大圈套"和"小圈套"的引导方法，你学会了吗？一定要不断练习才会有收获。

别发信息！傻瓜！

我所讲的沟通都是关于声音和身体语言的，你稍微观察一下就会发现：沟通，用声调和身体语言来实现，比用文字来实现效果更好。在沟通过程中，你的声音和肢体语言是可以让对方直观地感受你的感情变化的，而文字有时候可能会产生误会。

所以千万不要拿我教给你的沟通方式来发信息，如果你们因为某些原因只能微信沟通，请使用语音的形式来进行。语音语调的变化，是文字达不到的效果，它比纯文字更加生动，也可避免一些误会。

我们仅知道如何引导对方跟进自己的话题，是远远不够的。

你是否遇到过这样的情况呢：你自说自话，但是对方完全不知道你在说什么，又或者，你们刚刚闹了别扭，面对对方的指责和抱怨甚至冷暴力，你完全无所适从。

如果你正好遭遇了这样的情况，本章你就要好好学习了，学会在沟通中主动建立舒适感。

其实，在沟通中，舒适感的本质就是氛围，当下的氛围让对方愿意和你交流，或者让你们心里对彼此产生信赖感和沟通的欲望，这个是非常重要的。

所以，当你开启了创造引导的沟通策略之后，营造彼此舒适的氛围是你始终要贯彻的原则，但是到底该怎么做呢？不要着急，接下来，我会通过个案来教你分解操作。

你要记住一个原则，针对主控制的理性思维的人，"围绕他的框架展开沟通，不要跳出他的框架"是重点，而针对主要求的理性思维的人，让他知道你很靠谱，这个很重要。

针对主表达的感性思维的人，认同和赞美是关键，针对感性思维主感受型的人，表达内心的感受很重要。

3.学会铺垫、筛选与共谋

赏花与喝茶引发的分手闹剧如何收场

有这样一对情侣，男生是理性思维主控制的人，女生是理性思维主要求的人，两个人在讨论关于周末去哪里玩的话题。

男生跟女生说："我很久没有出去旅游了，很想周末去近一点的地方放松一下。"

女生其实也很久没有出去玩了，最近周边有一个地方在赏花，她挺想去的，听到男生这样讲，当然很高兴，于是回答："好啊，那去小庭院花圃吧，挺近的，最近是赏花节，我们可以去拍照。"

男生听到女孩这样讲，其实不是很愿意去，因为他很想去另外一个小镇喝喝茶、静静地发会儿呆，不想去人太多的地方。

于是，男生就把自己的想法直说了，女生听完当然是不开心了，因为她想要去赏花啊，于是很不爽地说："我不去，要不你先陪我赏花，下周我再陪你去喝茶？你为什么都不宠我，老是你说了算，你没有以前那么爱我了。"

男生听到女生这样讲，也觉得很委屈，本来不是多大的事情，两个人吵了起来，细数从两年前刚认识时到现在彼此的缺点和不是，都抱怨对方自私不考虑自己的感受，不停翻旧账，最后闹得要分手，谁都不理谁了。

这是一个真实的故事，你听起来可能觉得滑稽可笑，但是这就发生在我们身边，明明很小的事情，最后闹得双方都下不了台。

那么，如果我们学会用创造舒适感的沟通策略，这个事情就可以换个方式来解决了。我们把创造舒适感分解为三个步骤，第一个步骤是铺垫，第二个步骤是筛选，第三个步骤是共谋。我们来看，具体怎么运作这三个步骤。

先来看男生应该如何运用舒适沟通的策略。

刚才有讲到，针对主要求的理性思维的人，让他知道你很靠谱，这个很重要，第一个步骤是铺垫：我先把周边有哪些地方可以去玩的，直接搜索好发给女孩，让她去选择，并且我会告诉他，这几个地方我都有仔细研究，都还不错，你看看你最想去哪里。

女孩听到男生这样讲，会觉得男生其实有刻意去了解这些地方，感觉男生很用心、很靠谱，但是呢，这位女孩肯定还是想要去赏花，那么她就会告诉男生，自己想要去赏花。

重点来了，男生的目的是要去小镇过一个安静的周末。如何逆转？很简单，马上开始第二个步骤，筛选：男生这样告诉女孩，因为自己看了攻略，发现最近赏花的人特别多，另外就是目前是高峰期，门票是限量出售的，同时呢，下个星期才是山茶花开得最好的时候，基于这样的原因，这个地方下周去是最好的。

我们在铺垫的时候已经给了女生靠谱的印象了，现在女生见男生讲得很仔细，她也觉得挺麻烦的，就会说："那就下周去吧。"

话虽然这样讲，但她心里肯定还是会有小失落的，这时候男生开始进行第三个步骤——共谋。他这样说："嗯，我这周特别想给你一个惊喜，其实考虑了很久，我刚刚对比了一下，咱们去飘湖镇喝茶也不错，那里也有你喜欢的山茶花，而且很安静，我有好多话想告诉你呢，不过只有去了那里才能说。"女孩听男生这样讲，也会非常开心和期待。

我们的目标就这样顺利达成了。

我们来回顾一下这个个案。整个沟通过程中，我们围绕"靠谱"这个关键字，顺利走完了三个步骤。创造引导的时候其实就是铺垫，而这个铺垫针对理性思维的主要求型的人就是在很多方面都表现得足够真诚与靠谱。然后，筛选就是围绕话题，筛选出不利于目标达成的错误，让对方认同。

在这个个案里，错误就是不利因素，因为有不利因素，肯定就没法完成自己的心愿。接下来的第三步，共谋，就是让对方感觉，你们是一起决定的这件事情，而不是按照男方意愿去决定的。

本案里，不利因素导致男生产生新的话题，同样围绕"靠谱"来展开交流，于是呢，女生顺利同意。

至于到底有没有山茶花？有没有惊喜？那个所谓的客栈真的有男生说的那么好吗？其实都不重要，因为在这一刻，女生会感觉去小镇客栈过周末是自己的选择，因为男生很靠谱，安排了一切，也解释得非常清楚，自己只需要信任他就好了。

在沟通中，创造和谐的氛围，让对方做出对自己有利的选择，男生已经做到了。

如果你是这个女孩，你应该怎么样运用这三个步骤去和男生创造舒适感并达成目标呢？请你也仔细思考一下。

接下来，我们来看针对感性思维的人，如何创造舒适的氛围。针对主表达的感性思维的人，最重要的是认同和赞美他的行为，针对主感受的感性思维的人，表达自己内心的感受很重要，让对方感受到你的真实想法是关键。

"闷葫芦"老公终于承担起了家庭责任

我们来看这个例子，老婆是主表达的感性思维的人，老公是主感受的感性思维的人，两个人生活一直都很合拍，结婚五年，有一个三岁的宝宝。

最近老婆发现，老公跟自己越来越远了，因为很多时候都是她在不停地说，老公则只是在一旁安静地听，并不像以前一样会回应和表达。

大家都知道，感性主感受类型的人其实很多时候挺有耐心的，愿意去倾听，只是沟通交流找不到交集点的时候，他不会轻易去表达自己的感受。

这位男士就是这样，这让老婆很抓狂。于是慢慢地，她也不那么在意老公的感受了，自己想说什么就说什么，有时候今天讲的事情，明天就忘记了，全凭自己高兴，老公也懒得去回应，听得多，讲得少，两个人的话题越来越少了。

这个时候，两个人都觉得婚姻出了问题，都想要去修复，但是都不知道该怎么做，因为最基本的交流都不会了。

对于如何更好地和感性思维的主表达类型的人沟通与相处，我们先来看一个心理学实验。

1955年，心理学家格林斯潘在一次语言条件化早期研究中发现：如果对具体的语言进行回答，实验者用"嗯"或"哟"反应，则被试者的语言行为会受到明显的影响。被试者本人可能没有意识到这种影响，而且实验者的影响的原因和性质对不同的被试者来说又是各不相同的。以上所谈的这种现象就叫"格林斯潘效应"。

这种效应在交谈中影响很大，即会谈者能用各种微妙的方式影响被试者的回答。例如会谈者的外貌、举止、风格、期望、言语方式和行为习惯等对不同被试者各有不同的含义，它们都有可能成为导致会谈者发生认知偏差的原因。

也就是说，你如果想影响一个爱讲话、爱表达的感性思维的人，那么你要在他讲话时给予一定的回应，你的很多回应能让他觉得被重视，并且在一定程度上还能够影响他的行为。

所以，在一段关系出问题前，他们之间的"格林斯潘效应"是起到作用了的，也就是因为有共同语言让老公愿意去应和妻子说的话，而现在他不愿意应和，多数只是听，随着时间的推移他们之间的关系也肯定是要出问题的。

这个时候，这位感性主表达型的老婆找到我们，希望我们帮助他们修复关系。

说实话，在拿到这一个案的时候，我们其实很头疼，毕竟是日积月累的问题，而且都是些鸡毛蒜皮的小事，并没有原则性的大问题，很难马上逆转。但是我们还是努力地做了调查和分析。通过分析，我们发现，目前急需解决的是沟通问题，我们需要创造一个全新的沟通的契机。

我们是这样做的：

第一步——铺垫。我们都知道，主感受的感性思维的人很在意自己的感受与直觉，这个个案里面，我们认为男方一直有一种很强烈的自我孤独感和对环境的疏离感，包括对妻子、对小孩、对整个家庭的疏离感，并且认为与妻子相处的默契和爱的感受很难建立起来。那么，我们就从家庭和小孩着手，引导老公重新建立对妻子的爱的感受。

第二步——筛选。在有过一两次关于小孩话题的讨论后，老公明显还是很愿意参与的，而且老公喜欢和小孩互动，于是我们教这位女士围绕家庭日怎么带小孩的话题和老公进行了沟通，确定了每周末的活动。这样，两个人换个环境相处和沟通就更容易了，而且在这个过程中，夫妻之间会有亲昵的身体接触，这也利于他们的关系缓和，老公的心打开了，发现夫妻之间其实并没有自己想得那么难以交流。

这个时候，我们做第三步——共谋。夫妻二人约定好，以后家庭日带小孩进行的户外活动都由老公来安排，室内活动都由老婆来安排。这个过程中，老婆主动表达了对老公作为父亲这个角色的肯定，由于确实小孩带得不错，老公也感觉很骄傲，对老婆也有了更多的肯定，本来两个基本没有话题的人，重新建立新的沟通方向。

在这个案例中，我没有像前面那个个案一样去强调"对话"，为什么呢，因为在真正的生活中，沟通无处不在，不是一个简单的对话就可以解决问题的，这个个案强调的就是解决思路。

如果你也遭遇了类似的问题，想想看，你的问题又应该如何解决呢？也请你换位思考，如果你是这位老公，怎么样运用创造舒适的沟通策略去修复你们的关系。

沟通中创造舒适感的关键是氛围，而营造好的氛围可以通过三个步骤来达成，我希望你举一反三，多多思考和运用，你一定会有所收获。

第4章

不同应对方式，产生的不同结果

如果霍金的平行宇宙理论成立，那么，在平行宇宙里可能存在跟你一模一样的人跟你在做着一模一样的事，而你跟另一个宇宙中的你互不干扰，但可能就在下一刻你们会朝不同的方向发展。

也就是说，假设此刻你的伴侣因为你今天没有做到说好的事情，正在和你生气，感性思维方式的你感觉到很委屈和窝火，也开始和对方争执起来；而平行世界里，对方可能刚刚倒了一杯热水来安慰你，而你感觉到很暖心，非常不好意思，决心好好补偿对方。

在感情当中，每一个选择，都会产生不一样的结果。那么，怎么样影响对方，才能产生对自己有利的结果呢？

1.思维碰撞：遇到难题怎么做？

如果能重来，你还会选择分开吗？

在我14年的情感咨询经历中，有一个学员的故事我到现在都记得，这是一个让我动容，跟着伤心了很久的故事。

小杨和小君是初中同班同学，他们生活在一个小县城里。

那个时候是2000年前后，县城的经济还没有发展起来，小杨的父母在当地开了一家小饭店，生意有些惨淡，小杨和妹妹都在上学，家里经济压力比较大，但好在小杨是一个上进的男孩，长得又斯文俊秀，有很多女生喜欢。相比之下，小君家里的情况就好多了，她的舅舅是当地医院的院长，父母在县城中心经营着一家超市，小君每天上学放学都有司机开车接送。

当时，小君对勤奋努力的小杨印象很深刻，升到高中后，两人竟然又是同班，成绩优异的两人经常一起参加比赛，在学习交流中渐渐互生好感，于是约定考到同一个地方去上大学。

很幸运地，两个人最终都如愿考到了上海，顺利地交往了。

然而想象总是太美好，现实却很骨感，两个人真正开始交往的时候，他们之间的鸿沟开始一点点暴露，比如小君经常说起的一些她用的化妆品，都是国外的大牌，这些小杨都没有听说过。

当小君问他，"我用了什么什么品牌的面膜，你看我的皮肤有没有变好？"其实只是简单地想要男友夸几句，但小杨却会默默记下那些品牌，想着自己赚钱给她买。

小君知道小杨非常照顾家里，所以她也经常以小杨的名义送些礼物给他的父母和他正在上中学的妹妹。

放小长假的时候，小君还会偷偷联系小杨的妹妹，给她买火车票来上海玩，就住在她们宿舍。小君还告诉小杨，女孩子一定要让她长见识，长大才不容易被骗。

小君做的这些小杨都默默记在心里，想用一辈子好好来还。但好景不长，两个人交往的事情还是被小君父母知道了，因为了解小杨家里的情况，小君的父母不愿女儿再与他交往。

学校放寒假后，小君的妈妈特意找到小杨，跟他谈心，也就是劝他分手。期间谈到一些很现实的话题，让小杨自尊很受伤。

在小杨心里，小君的确是哪里都好，和小君相处越久他越自卑。最终在小君妈妈的劝说下，小杨也觉得分手或许是对两个人都好的。

于是在他们大四的最后一学期，小杨向小君提了分手，分手的理由就是两人家庭背景相差太大，自己感到压力很大，也不希望在一起之后自己在女方家里抬不起头。

从他们交往的细节中不难看出，小杨是理性主要求型的人，他的分手理由从来都是这么简单直接，直戳要害。如果是感性思维型的人，或许会说爱上别人了之类的，然后自己背一个劈腿的骂名，让对方也好受一些，更容易放下一些。

当小杨说出分手这句话的时候，小君就开始哭了，看到她难过、无助的样子，小杨也非常不忍心，他很喜欢小君，但想到小君妈妈说的那些话，也只能极力控制自己的情绪，狠下心来。最后小杨执意要分手，小君崩溃了，一个礼拜都没有去上课。

小君是感性主表达型的人，失恋的她想要挽回这段感情，于是找到我希望我能帮她。当我了解到这个个案的复杂性之后，我知道问题的关键在于让小杨找到一个自信的点，可以很自信地去跟小君父母说我一定能给小君幸福，你们放心。但现在的小杨的确不具备这样的实力，所以挽回的难度一定很大。

果不其然，我教了小君很多方法试图引出小杨感性思维方式的一面，让他改变自己的决定，但收效甚微。

最后无计可施的小君，只能在毕业前找到小杨，她哭着告诉小杨，家里要安排她出国留学了，可能再也不回来了，如果你说，不希望我走，我就留下来，陪你一起打拼事业。但是小杨攥住拳头就是没有答应。

在之后的某一天，小杨还有了一个新的女朋友，两人故意在小君面前出现，结果可想而知，小君带着满心伤痛离开了中国。

这个故事到这里还没有完，过了3年之后，小君其实就回国了，不过她是带着外国男友一起回国的。

这个时候的小杨已经事业小有成就，他心里一直没有放下小君，大学时找的那个新女友只是一个来帮忙做戏的朋友，通过自己的妹妹，小杨知道小君回国了，也知道了小君以前在我这里咨询过，所以小杨也找到了我，希望我能帮他挽回小君。没想到过了三年，还能有这样曲折的案例出现，我也是惊讶了很久。

分析了小君的具体情况之后，我给了小杨很多建议，不过当小杨筹划好准备开始去挽回的时候，发现小君和她的外国男友已经将结婚喜帖都发出来了，小杨明白自己已经失去了争取的权利，只能放弃。

他只是遗憾，或许当年就应该把小君留下来，而不是自卑自怜，不相信自己能给小君幸福，没想到那一次放手，就再也握不住她的手了。

　　小君和小杨的这段恋情，从小的时候算起，差不多已经有10年时间了，现在又有多少人能一直陪在自己身边10年？有时候错过一次就是一辈子。

　　虽然小君和小杨的故事最后有一个不完美的结局，这中间还有上一辈的干涉，不过之前在小君跟小杨相处时，提到的一些价格昂贵的化妆品，这些都会让敏感的理性主要求型的人多想，给他造成无形的压力。其实如果我能早点介入他们的情感危机的话，我一定建议小君不要那么自我，把自己的想法随便说出来。

　　因为要求型的人很容易多想，所以跟他相处时，一定要将话在脑袋里"过"一遍再说出来，同时也要建议小杨理解小君，因为表达型的人就是这样的，他们也没有故意给你什么信息刺激你。两个人在交往的时候，一定要善用舒适的沟通技巧。

　　这个沟通技巧也是我们上一章最后的一个重点内容，我们来复习一下：

　　第一个，针对主控制的感性思维的人，围绕他的框架展开沟通，不要跳出他的框架是重点；而针对主要求的理性思维人，让他知道你很靠谱，这个很重要，这些沟通都是由事件来展开进行的。

　　另外一个，针对主表达的感性思维的人，认同和赞美是关键；针对主感受的感性思维的人，表达内心的感受很重要。这些沟通的

Love Left
Love Right

139

基础都是和人相关的，也就是和你本身的状态有直接的关系。

那么在你了解了这些思维方式和行为特征之后，除了在日常的生活中你可以找到一个和你另一半和谐相处的模式，在你们遇到危机，或者眼看危机就要爆发之前，你也能通过对方的思维方式来预判对方的行为，然后提前做一些预防工作，这样也能更好地来解决你们之间偶发性的激烈冲突，为你们的关系保驾护航。

着实可爱的她，充满魅力的她

搞清楚理性思维的人对事和感性思维的人对人的这个基本概念后，我们很多的操作就有章可循了。

很多时候我们都觉得理性思维的人不讲人情世故，很刻板。但是通过学习以后，我们发现理性思维的人虽然对于事情本身有某种天生的固执，但如果你换个角度来看，会发现理性思维的人其实挺可爱的，他们总是对一些具体的事情很较真，无论对别人还是对自己，那种较真的样子还真不是装出来的。

有一天，我的爱人在家做饭，我刚回到家，看到一桌子的菜忍不住用手偷吃了一块红烧肉，恰好被她看见："好脏的手，还不赶紧去洗了。"

平时我都会自觉地洗，但那天或许是太累了，临时犯了懒，我用有点儿哀怨的眼神看着她说："亲爱的，我今天不想洗手。"

我知道我的反抗是无力的，因为她是理性主要求型啊，这种事情怎么能够让我逃脱。但她什么也没说，拉着我的手往洗手池走去，帮我挤了洗手液，慢慢地搓着，说了一句："讲卫生，得健康。"那个瞬间我觉得她是无比可爱的。

而感性思维的人跟不同的人打交道，状态就会完全不同，你要是和他感同身受，你就会觉得他简直就是演技派的高手，但你要是对他的感受置之不理，他也会瞬间进入"零下20摄氏度"的状态。

善于去理解和观察不同特质的人在生活中的不同面，你会发现这个世界真的奇妙无比。正是因为如此，我们生活的世界才是精彩纷呈、缤纷多姿的。

我的爱人是理性主要求、感性主感受的类型，在她感性的一面中虽然会有因为怕孤单，没有安全感而表现出的小任性，但是她感染我的地方同样不胜枚举。

记得有一次，我们聊到一些我不愿意回首的经历，我的心情非常沮丧。她是非常能理解我的感受的，在一旁静静地陪着我，不仅给我弹了一段我喜欢的钢琴小品，还轻声细语地念了一首诗给我，慢慢陪我度过这突如其来的沮丧情绪。

还有一次，我记得我给她打电话，那头传来"您好，您所拨打的电话正在通话中，请稍后再拨。"然后又开始说英文，我便主动挂了电话。过一会儿她再打来，我问她和谁在通话，她只是哈哈大笑说"刚才那个提示音是我啊，被骗的感觉如何？哈哈哈！"我回答她："英文不错。"

感性思维的人是着实的"戏精"，她可以有很多面，你完全不用担心你们未来的相处会无趣，所以换个角度去看待自己的伴侣，她可能没有你想象中的那么糟糕。

当然了，现实生活中的相处，总会有一些小矛盾产生，及时化解是非常重要的。在日常生活中，冲突是经常存在于两个人之间的，因为这个世界上根本没有完美匹配的两个人。

有的学员在学习了我的理论后，会觉得好像对方根本就不适合自己，又或者觉得自己好像看错了人。其实你有这样的想法很正常，但是，对理性思维型人和感性思维型人分类操作的本质在于——理解和尊重。

我依然相信，感情没有适合不适合，关键在于你愿不愿意去化解矛盾，走向平衡。放下自己固执的态度，以一种积极开放的心态去面对问题，我相信，再大的困难都是可以被克服的，关键在于你是否愿意学会预防和化解矛盾，以及在遭遇矛盾时的选择适合自己的沟通策略。

迟到前的这趟电梯，上不上？

假设今天你上班，刚到公司楼下，一看时间，糟了，还有几分钟就要迟到了。

这个时候电梯门正好打开，很多人一拥而上地挤上了电梯，尴尬的事情出现了，你感觉电梯里传来阵阵难闻的气味，就是人多了以后，各种汗味、体味混合到一起的味道，你非常不喜欢这样的味道。而且你背了一个小背包，如果贸然跟着大家进去，你会被挤到，显然你也不喜欢这样。

那么，问题来了，如果是你遭遇到这样的情况，你会怎么办？

如果你是理性主要求类型，你会毫不犹豫地挤进去。

如果你是理性主控制类型，你会先看看附近有没有新的电梯到达，再算一下时间是否来得及，最后再做出你的选择。

如果你是感性主表达类型，你会自说自话地和他们聊天，比如说说"为什么今天会有这么多人啊""运气不好""快迟到了"之类的话，如果有人理你会很开心，没有人理你也无所谓，重点是分散自己的注意力，打发这几分钟难熬的时间。

如果你是感性主感受类型，你一定不会进去的，就算是迟到，你也不会这样委屈自己。

讲到这里，请你对号入座，你会选择哪种方式？其实你还可能有很多的选择，比如极端一点就是大吼一声："旁边来了新电梯！"结果当这些人冲出来的时候，你果断冲进去。

现在，你是不是意识到了我想要传递给你的信息了？如果你意识到了，你一定是理性思维型人，如果你现在正在笑，那么，你一定是感性思维型人。好了，言归正传，我真正想要传递给你的信息就是，不同的行为策略会导致不一样的结果。

那个毫不犹豫挤进去的理性主要求型的人，肯定是不会迟到的；那位理性主控制型的人，很可能正在思考分析到底怎么做合适的时候，错过上电梯的时间而最终迟到了；而那位感性主表达型的人，估计到了办公室还要回顾一下自己是怎么挤上电梯没有迟到，反而是平时做事很严谨那位理性主控制的人迟到了，暗暗告诉自己"我真的是天才"；那么那位感性主感受的人呢，虽然他迟到了，但是他绝对不会后悔自己的选择，他一定会说："只要我觉得好就行，迟到不就是扣钱么，没关系，我任性。"

所以，解决问题的方式不同，结果才会不同。这是一种思维方式，但是我们很多身处矛盾之中的朋友，还有那些原地踏步，不知道到底该怎么做的朋友，都非常喜欢钻牛角尖，硬要只用一种方式去扭转关系，而屡遭失败也不回头。

比如，有些遭遇分手的朋友就是每天不停地给对方发信息，对方不回复，他不做任何调整还是不停地发；还有些婚姻中遭遇平淡期和瓶颈期的朋友，虽然他知道两个人出了问题，但是他懒得去调整相处模式，又或者他就想按照原来的做法去修复彼此的关系。

如果你真的告诉他们，这样做可能没有什么效果的时候，他们会马上会反驳你："不行，我一定要按照我自己这个方式去做。"或者给你找一堆不能按照你建议去做的理由。

因为我们很多人在遭遇矛盾的时候，都会按照自己固有的思维模式去解决问题，我们往往都忘记了一个最简单的道理：不同的应对方式会产生不一样的结果。

如果你重复你之前的做法，你得到的依然是你之前的结果，比如，你再去苦苦哀求对方，对方依然无动于衷，无论你换成什么样的方式去哀求，本质不变，结果就不会产生变化。同样的，你如果还是指责批评对方，不做改变，你得到的结果依然是之前那个你永远都不会满意的结果。

这是一个很简单并且朴实得不能再朴实的思维方式了。世界上每样事物本身就处于不断变化之中，特别是人与人之间的情感，因此只有不断改变方式适应当下情感状态，才能保持关系的理想状态，这是一个此消彼长的过程，也是不断进化和升级的过程。

2.如何避免误会升级，让矛盾顷刻化解？

所谓的预防其实就是预判，针对理性思维和感性思维两种特质的人，我们的预判是非常重要的。从实际操作上来看，70%的危机都潜伏在沟通之中，如果你能够从对方行为和语言中判读出对方的矛盾点，那么很多危机在没有完全爆发的时候，都是可以化解的。

当理性主控制的人在不断强调你需要听他的、理性主要求的人开始深度解读的时候，你就需要引起重视和注意了。

比如，理性主控制的男友不止一次告诉你，他希望两个人在一起时你应该多听他的意见，多配合他做一些事情，这个时候，你就应该立即答应他，并且表示理解。

如果你的反应慢了半拍，而他不得不再次重申的时候，可能就会导致他对你更加失望，最后会非常决绝地离开你。那个时候再去修复，你所耗费的精力和时间就需要很多了。

同样的，你有可能今天只是晚了一些回家，又或者你晚一些回复对方的信息，一个理性主要求的伴侣开始刨根问底地来问你原因的时候，你就要有所警惕和察觉了。

你需要用最让他信服的方式去证明自己，澄清误会，而不是在那里抱怨和批评对方不尊重或不信任你。你的抱怨和批评其实是一种自我保护机制，在你内心深处恰恰是因为害怕发生矛盾，并且这个矛盾当中你是当事人的时候，你会本能地自我保护，从而渴望用抱怨批评的方式化解矛盾。但是这样做往往只能使误会升级成矛盾，使矛盾顷刻间爆发。

当感性主表达型的他不怎么愿意和你交流、当感性主感受型的他不太愿意和你分享内心感受的时候，你就应该马上觉察到，你们的关系一定出了什么问题，而且针对这样的情况，你应该立即采取行动。

比如，当一个感性主表达型的老公回家情愿自己玩游戏，都不会像之前那样跟你讲公司工作上的一些事情，而且你主动问他也没有太大的用处。

这种情况下，应该选择正确的沟通策略，比如找一个时间，带着对方参加一些集体活动，这样其实非常有助于矛盾的化解，只要他愿意开口说话，无论什么样的情况，都是可行的。

而如果是感性主感受型的老公，你就应该单独为他设计一个精心准备的环节，比如一次有纪念意义的晚餐，一段充满期待的短途旅游等，都是可以的。往往这个时间属于矛盾潜伏期，如果你以这样的方式来进行沟通，大部分的矛盾都是可以化解的。在这个阶段，对方没有任何拒绝你的理由，就算是对方不接招，请按照我们的思维方式，换一个做法，你们才出现的矛盾就会很简单地被消化掉。

说到这里，我想给那些身处恋爱和婚姻关系中的朋友一个忠告，完美的关系就是不断进化的过程，每一次问题的解决，就预示着你们的关系更进一步，你们彼此都会觉得更懂得对方。如果遇到问题就逃避或者由着自己的性子任意发展，真正当矛盾冲突爆发的时候，你再去后悔，已是于事无补，为时已晚。

这个是我自己的经验教训，也是我身边很多朋友的经验教训，真诚地希望你能够牢牢记住。有时候，当这些征兆出现的时候，原因往往不是对方真正指出的问题，你只需要警惕这些征兆，顺利化解尴尬与矛盾。

危机爆发时不要执意对错？

危机出现的时候其实证明矛盾已经爆发了，这个时候，你千万不要老去想到底是为什么会这样，到底是谁的错，这样只会让你越来越愤怒，越来越苦恼。

事情已经发生，结果已经导致，你再去追究是非对错，意义并不大。在情感的世界，从来没有绝对的对错、是非与善恶。你应该要确定和相信，只要付出行动，思维和行为不要懒惰，就一定会有"守得云开见月明"的那一刻。

埃米尔·库埃的《心理暗示力》这本书对我影响很大，我是自我暗示的受益者。自我暗示对自我能量的聚集、立于世和与他人的沟通相处，都能起到至关重要的作用。

我发现在亲密关系中，它同样功不可没。在我和我的爱人出现矛盾的时候，我也总是会先用自我暗示的方法让自己先平静下来，就像我之前讲到的，她总要求我吃饭前要洗手，这种类似的桥段很多，但我尽量不让自己用一种抵制、排斥的情绪与她对话，因为她让我这样做，是为了我好。所以我会在这个时候做出积极正面的心理暗示：她这样做，是因为她爱我，我也应该用爱的方式回应她。

很多时候这样的暗示很管用，在婚姻漫长的彼此磨合中，用爱来定义对方的行为，难道不是对伴侣最大的尊重吗？然后我再判断她当下处于怎么样的思维模式，选取最适宜的方式即可。

期望是通往地狱的道路

我记得我有次因为皮肤发炎，吃了西药没有太大效果，便去中医院买中药。医生当时问我："怕苦吗？"我信誓旦旦地回答："不怕！只要病能快点好起来。"于是医生就开了许多黄连，因为黄连清热解毒对我的皮肤发炎有良好效果，但是唯一的缺点就是太苦，很多人接受不了。

回到家，我将药煎好，分到碗里放凉后，喝第一口就吐了出来。这个药实在是太苦了，苦到舌根都是发酸发疼的，非常难受，我尝试了很多次都没有喝下去，倒是差点儿反胃呕吐。无奈之下，我只好给自己准备一颗糖。头一仰，将所有的药喝下去之后便赶紧去吃那颗糖，迫不及待地放在嘴里，那感觉比刚才好太多了。

后来几天的药我都是这样喝下去的，先把糖准备好，喝完药马上去吃糖，仿佛喝药的痛苦瞬间就消失了，甚至在我想着糖的时候，也不觉得喝药有多痛苦。

后来我明白了，其实那颗糖就是"期望"。我们眼里如果有了期望，一切的痛苦便都心甘情愿去承受，你仿佛能看得到胜利时候的笑容，才不会胆怯当下的失败，所以期望是个好东西，期望给人希望和动力，目标与方向。

但是你知道吗，期望也同样可以变成无尽的欲望，它也可能是吞噬我们灵魂的罪魁祸首。

箕子劝纣王不要使用新铸造的象牙筷，因为他认为纣王一旦用了象牙筷，就不会再用土制的瓦罐，一定会命人制作美玉碗盘，有了美玉碗盘和象牙筷也不会再吃粗茶淡饭，必定就会吃美味佳肴，穿绫罗绸缎，接下去又会要求住富丽堂皇的宫殿，最后就变成大兴土木，寻欢作乐了。箕子所说的就是心理学上的棘轮效应——向上容易向下难，也就是由俭入奢易，由奢入俭难。

这也是无止境的期望带来的后果。

在亲密关系漫长的相处过程中，期望让我们将对方的优点当成了理所当然应有的品质。我们贪婪地享受着这些优点，这些优点带给我们从最初的惊喜，到习惯后的平静，再到理所应当地索取。到最后，我们的双眼只看得到对方的不足，而又希望强制性地去将这些缺点从另一半的身上剔除掉，而弄得彼此遍体鳞伤。又或者夸张地放大对方的缺点，以示自己的地位，仿佛在说："你看，你就是比我糟糕，我凭什么要听你的。"

著名心理学家克里斯托弗·孟说："通往地狱的道路，是期望铺成的。"我认为就是对伴侣的过多期望才造就了婚姻的绝望。期望，应该用在自己身上而非对方。

这让我想起电影《爱情呼叫转移》中，徐朗在七年之痒的婚姻里，受够了老婆连他挤牙膏都要求他一定要顺着尾部往上挤。这种类似的枯燥乏味的琐事渐渐销蚀着他那颗敏感的心，当然，他能有这样的感觉，那他一定是以感性思维类型为主导的人，他受够了这平凡、毫无涟漪的生活让他的心也如死灰般看不到希望，选择放弃婚姻。但最终，当他幡然悔悟的时候，发现自己曾经贤惠的妻子早已成为了别人的爱人。

很多在爱情和婚姻中苦苦挣扎的人，期待和欲望得不到满足的时候就会无比痛苦。这个时候，你应该做的，要么结束现在的爱情，提升自身价值成为能匹配你欲望的个体，再谈寻觅；要么是懂得知足，学习相处之道，与现在的伴侣共同进退。而我身边大多数人选择的是后者，因为你自我价值提升的同时，也同样要清楚两性相处之道，否则注定孤独。

我有个朋友小琳，她是个事业成功的女人，但是更让人嫉妒的是，她有一个爱他的老公和一个可爱的儿子。记得有一次我们几个朋友一起聊天，有个女孩问她："琳姐，你是怎么找到这么好的老公的，快给我指点一下迷津。我现在恨嫁。"

她流露出幸福的模样："其实就算换一个男人，我也会和现在一样幸福，因为我和谁在一起都会幸福。"她并不是夸夸其谈，事业虽然做得好，但是面对自己的老公，她依然是一个在爱情中快乐又懂得满足的女人，和谁在一起当然都会幸福。

就算考会计证也无法割舍的网游

接下来我们来学习最后一步，如何运用逆向反推的思维来解决矛盾。

理性主控制的人和理性主要求的人对事不对人，解决问题最重要。那么遇到了问题之后，你的解决问题的思维方式，就应该是先思考：导致现在结果的原因有哪些？最严重的影响是什么？解决了之后会怎样？比如，你理性思维型的男友不想再联系你了，你发什么都不回复你，甚至表明他对你没有感情了，然后拉黑了你。

遇到这样的问题，很多人都会第一时间想：既然拉黑了，那么最需要解决的是恢复联系媒介，比如，微信、电话号码等等。但是，如果问题没有解决，只是简单的加回，对方对你的态度依然是之前的那样，你依然也是按照之前的做法去挽回他，那最终还是会以失败告终。

讲一个故事，两个交往一年多的情侣，理性主要求的男友因为种种原因拉黑了感性思维类型的女友。女友一开始疯狂地找男友复合，一会儿去单位蹲点，一会儿发信息打电话，就一个要求，把他的微信加回来。最后，男友实在是受不了，直接申请调离现在的工作单位。他们之间唯一的联系渠道都没有了，女孩很绝望，找到我们。

我拿到资料之后发现，他们之间确实发生了很多的故事。

首先分析，导致现在结果的原因有哪些？其实让男生最失望的点在于，女生不上进，长时间沉迷于网游。他们本来是说好一起复习要考注册会计师证的，但女生只是嘴上的功夫光说不练，这让男生觉得女生不是他想要的另一半。

我们强调过，理性思维类型的人在乎伴侣的实际价值，他们是非常看重未来另一半的自我成长价值，他们不仅仅希望伴侣是自己生活上的伙伴，也希望在工作上能共同成长。

其次，分析一下，最严重的影响是什么？

男生想要彻底分手，女孩说这是她最不能接受的结果。既然关键点是女方自我成长力度不够，相信你们已经知道该怎么做了。如果女方是真的深爱着对方，也愿意为对方改变自己，提升自己，那么就要痛定思痛地戒掉网游，并且考上注册会计师，这才是修复他们关系的第一个通道。

用行动去证明自己，而不是在那里怨天尤人，这一点非常重要。先从注册会计师考试这个事情开始，让男生知道她在慢慢改变。当然，后来女孩通过自己的努力还是如愿以偿地考上了，男生目睹她的努力和价值，也同意和她复合。

最后，解决了之后会怎样？解决之后，我要强调的是，成长是自己的事，不要强行给对方施加压力。就像这个女孩，不要以为是男生施加给你的压力，你对个人成长的渴望要和男生慢慢保持同频才是长久之道。

同样的，感性主表达的人和感性主感受的人都是对人不对事，你是一个什么样的状态去影响对方是很重要的。遇到问题以后，你逆向反推思维就应该是：他需要什么样的状态？什么样的状态可以和他沟通？我需要创造什么样的状态？

同样以刚才的例子来讲，如果男友是感性思维型，你那样的沟通策略就不行了。你如果以考试这个事情来和他建立链接，他只会觉得那是你的事情，和他无关。你需要创造能够影响到感性思维型男友的事件，又或者能够给到他一个情绪的出口，然后你只需要在这个事件里扮演好自己的角色就可以顺利恢复联系了。

当然了，我们会遭遇很多的矛盾，现实中的问题也非常具体，但是只要你学会这样的思维方式，我相信，任何问题都是有解决方法的。

第5章

该不该计算爱情成本？

可能你身边的某个朋友会得意扬扬地跟你炫耀说："我的男朋友虽然平时没什么时间陪我，但他会买礼物给我，他昨天又送给我一条铂金项链！他真的对我太好了。"那么仅仅为你花钱的男人，是真心爱你并希望让你做他终身伴侣吗？

又或者，你的另一个闺密非常享受于他男朋友大把时间的陪伴，就算没有一点物质投入，她也毫不介意，并视金钱如粪土地对你说："别那么物质，我们是真爱！只要他爱我，我不在乎。"一个男人仅仅花时间陪伴你，他真的就是爱你吗？

我说过每个人的思维方式都不同，所以不能单纯地一概而论。

如果你想通过对方对你的成本投入去判断他对你的真诚度和钟爱度，那就要先判断他属于偏理性思维类型还是偏感性思维类型，因为这两种类型的思维方式不同而导致他们对爱情成本投入的先后顺序也不同。

1.爱情成本的投入也讲顺序？

从某种程度上来讲，你的爱人对你"投入"力度的大小将决定他是否有足够的意愿选择你作为其终身伴侣。

当然，在婚姻中对方对你的投入大小也能很好地体现他对你爱的程度。所以，在恋爱中对方是真的将你视作终身伴侣吗？在婚姻中他又是真的足够爱你吗？在这章，你会找到答案。

恋爱过程中，投入成本字面意思很好理解，我不做更多阐述，我需要你知道的就是，所谓投入成本，其实是由三个维度构成的。

首先，时间成本，也就是对方为你付出的时间；其次，是精力成本，也就是对方为你损耗的精力，又或者是消耗的情绪；最后，也是很多人最看重的，那就是物质成本，从对方对你的物质投入来确定他对你的真诚度。

其实投入的顺序，也很简单，对于理性思维型人来说，无论是主要求还是主控制，他们对成本的投入顺序是：首先物质成本，然后时间成本，最后精力成本。

也就是说，如果对方是以理性思维为主导的类型，他为你"买买买"，不代表就是爱你，或者不一定就期望你做他的终身伴侣。

因为理性思维型的人就事论事和对事不对人的特质决定其顺序，物质成本是最简单和容易衡量的方式，至少他不会觉得麻烦，反而时间和精力的投入需要相对周密的安排和较为细腻的情感，显得比较麻烦。

理性思维型的人心里都有一笔明确的账，能算得清楚的最好，算不清楚的他就会觉得非常麻烦和不乐意。但是一旦让他开始投入时间和精力成本之后，基本上，你也把他"套牢"了。

理性思维类型的投入成本顺序

第一步	第二步	第三步
最容易	较难	最难
物质成本	时间成本	精力成本

同样的，针对感性思维型人感情丰富、喜欢依靠直觉的特质，他们对成本的投入顺序正好相反：首先是精力成本，然后时间成本，最后是物质成本。

也就是说，如果对方是以感性思维类型为主导的人，他花大把时间陪你，不一定就是有多爱你。

这也是基于感性思维类型的人对人不对事的特质决定的，因为在他们看来，只要是他喜欢你，又或者是他觉得是他感兴趣的事情，精力成本和时间成本不是什么大不了的投入，而一旦他投入了更多的时间和精力，物质投入也就顺理成章了。

大部分感性思维型的人其实都是属于冲动型的，只要他开心，只要他愿意，他可以为你倾其所有，只是在他的概念里，一定是要喜欢，但没有精力和时间的投入，他没有办法判断自己是喜欢还是不喜欢。

感性思维类型的投入成本顺序

第一步	第二步	第三步
最容易	较难	最难
精力成本	时间成本	物质成本

理性思维的人为你花钱就是爱你？

我有一位学员小周，新加坡留学回来之后就在一所音乐学院任教，她的五官很立体，个子高挑，性格也很好，是很受异性欢迎的类型。

但实际上她的感情之路非常不顺利，前后谈了三任男朋友，交往时间不到半年就都分手了，她自己思来想去，找不到原因，就来找我咨询。

和我聊起男人，她特别沮丧，没有信心。我也挺诧异的，为什么一个那么优秀的女生会因为三次恋爱的失败就丧失自信了呢？

一时半会，我也找不到合适的语言去安慰她，这个时候，我看到她背着一款品牌的限量版挎包，就和她聊起女孩子最爱的包包，没想到，她如数家珍地给我看了她好多包包的图片，真的是"包"治百病啊。

我发现以她的经济情况，是没有可能买那么多奢侈品的，她也告诉我，这些都是前任送给她的。

原来，她交往的每一任男朋友经济实力都不错，而且千篇一律都是理性主控制型，前任知道她喜欢奢侈品，也会各种"买买买"，但因为工作原因，给不到她更多的陪伴。

小周自己说，觉得男友给自己买包，愿意为自己花钱就是爱自己的表现，但几位前任都不愿意花太多时间去陪伴她，借口都是出奇一致：工作太忙了。小周就觉得很委屈了，明明你爱我，花钱都愿意，为什么不愿意花时间呢？

结合理性思维型人的投入成本来看，其实物质的投入对于他们来说，真的不是那么困难，特别是在交往的初期，只是为了表明他对你是上心的而已。

当他不愿意投入时间和精力在你这段关系里的时候，你就需要考虑了，可能他比较慢热，可能他还没有决定在你身上投入全部，这个时候，如果按照"花钱就是爱"的逻辑来看，明显就会误会对方了。

我们经常听到有人这样说，为你花钱的不一定爱你，不愿意为你花钱的肯定不爱你。这句话放到理性思维型人和感性思维型人的投入成本来看，真的非常合适。

所以，我对于小周的建议就是，找一个感性思维型的伴侣，至少她最看重的还是陪伴，或者学会引导理性的他投入成本的策略。

感性思维的人为你花时间就是离不开你？

同样的情况其实也会发生在我们自己身上，可能你之前有交往过这样的人，他无时无刻不在关心你，随时都在嘘寒问暖，甚至恨不得每天都能见到你，陪在你的身边，你逢人就说对方怎么怎么对你好，满满的幸福感。

但是呢，你稍微回顾一下就发现，好像交往这么长时间以来，对方只在自己过生日的时候送过一支口红，然后就没有然后了，再接着，你会发现他开始降低陪伴你的频率了，并没有一开始那么热情洋溢了。

那么，到底是什么地方出问题了呢？是你做得不够好，还是他真的不爱你了呢？

如果你遇到过这样类似的情况，对方又正好属于感性思维类型，那么，我可以很负责任地告诉你，对方并没有完全爱上你。

因为按照感性思维型人的投入成本来看，时间成本的投入是非常容易的，无论对方是谁，只要他上点儿心，都是可以做到的，但是真正爱上你之后，一定是想着各种方式让你开心，这不是停留在语言上，而是实实在在的行动，就好比每天下班都会来接你，这样的投入就属于精力成本了，然后他一定会竭尽全力为你投入物质，为你花钱，只要在他能力范围内可以做到的，他一定会去做。

对于感性思维类型的人来说，真正进入到爱上你的这个环节，可能只要是他看到的觉得你用得上的东西，他一定会买来给你，不管你真的需要还是无所谓。

所以呢，那些花大把时间陪伴你的人，如果仅仅停留在"嘴"上面，真的算不上有多爱你，如果会错意了，我倒是觉得这也未尝不是好事，至少你搞明白了，到底对方爱你有多深。

2.如何逆转爱人对你的"低成本"投入？

我特别喜欢的一位美国作家——《爱的五种语言》作者盖瑞•查普曼曾经说过："两性间许多误解、隔阂、争吵都是由于不了解或者忽略了对方的主要爱语造成的。"

当夫妻双方主动选择使用对方的主要爱语时，就能够很好地发展彼此的亲密关系，并积极地处理婚姻中的冲突和失败。在他的书中，他讲到了五种付出和接受的方式，让我受益匪浅。

我要告诉你的是如何实际引导，以及如何设置情感开关，来达到彼此愉悦。

在一段关系中，单方面的付出和不断消耗自我能量去维持彼此的关系是不合理的，引导至关重要。真正意义上的付出是相互的，你走进一步，他也走进一步，就像跷跷板一样不断起伏又时刻保持平衡，才能达到愉悦彼此的目的。

如果仅仅是自己一味地、无底线地付出，不懂得引导对方，那么，你的能量将会消耗殆尽，你们的关系也会因这种不健康的方式最终走向覆灭。

记住，达到彼此共赢是我们最终的目的。接下来，我会给到大家一些重要的概念和操作分解，现在要讲的第一个要点就是，如何引导对方增加投入成本。

有别的男生追我，他才向我求婚

我们来看这样一个案例。

男生是理性主要求类型，是一家公司的管理层，平时工作挺忙的，女生是感性主表达类型，是一家舞蹈学校的老师，工作相对比较自由。

两个人恋爱三年了，关系还不错，只是女孩子每次提结婚，男生都不太愿意，甚至说自己没有想好，如果再逼婚就分开。

在分析了他们的相处情况之后，我们发现，最核心的问题是，男生对于女生的投入成本太低了。他们虽然恋爱了三年，但是每周见面也就一两次，男生为女生付出的时间成本和精力成本明显是不够的。

我们把判断的结果告知女孩，女孩当时还非常不理解，不停地讲："他其实对我挺好了，一有空就带我去购物，只是工作太忙没有太多时间陪我而已。"

其实，我一直认为，所谓工作忙也好，时间少也好，都是借口，因为男生心里有一本账，他知道只需要付出一定的物质成本，就可以让女孩相信自己并且死心塌地，所以他不愿意在这段关系中付出过多。

其实这不是男生的问题，是女孩子根本就不知道他的思维方式和行为习惯，一味按照自己感性思维模式的理解去看，因为对于感性思维型人，最高成本就是物质，而对于理性思维型的人，最高成本其实是精力。

在他们的关系中，三年的相处都是对彼此一心一意，理性思维型的男生不断提升自己的社会竞争力努力工作，女孩也是深爱着他、愿意与他结合，生儿育女。但是在结婚这件事情上，男生的迟疑与犹豫就能说明他不爱这个女孩吗？

当这个女孩找到我的时候，我知道我可以帮助到她。

第一，通过一些小的设置可以洞察到男生的内心，明确他真实的想法，毕竟三年的恋爱是基本可以明确自己是否合适和对方走入婚姻的阶段的，如果只是因为一些小的原因而迟疑，那么我来推波助澜，也算是成全好事。

第二，如果男方并不是真的爱她，或还有其他新的选择，只是把这位女生当作备胎的话，那我更希望能帮助这位女孩明确形势而不是选择放弃。怎么做呢？

我首先帮助女孩子丰富了她业余时间的活动，因为平时两人见面少，我就让女孩把这些时间安排了一下，社交层面上的活动多了起来，也在朋友圈做了展示。

最开始，男生只是问了一下，并没有太多的反应。这样的展示持续了两周，女孩还故意爽约男生一次，基本男生也认为女孩子现在时间也很少了，忍不住就抱怨了。

我看时机比较成熟了，就做了一件事情——虚拟了一个追求者，让这个"追求者"在这对情侣约会的时候，故意给女孩发信息，被心思缜密的男生发现。

男生这个时候坐不住了，和女孩吵了起来，说她不检点，女孩故意装委屈，说因为男生没有时间陪自己去看球赛，就随便加了个群，约了一群人去看球，谁知道这个"追求者"一直纠缠她，以为她没有男朋友，无论怎么解释，那个人就是死缠烂打，甚至说如果她有男朋友，怎么不见她男朋友陪你来球赛呢？

这位理性思维型男友便给虚拟的这位追求者打了电话，当然，这位虚拟的追求者其实就是其他人假扮的，同样的话，他在电话里又给男生说了一遍。两个人冷静了之后，男生告诉女孩，我要多花点儿时间陪你，以后你有什么活动我都要参加，避免被这些莫名其妙的男人骚扰。

你看，只是做了一个小的设置，就引导男生更多地投入了时间。接下来，两个人每周约会的时间更多了，频率也很频繁，这样持续了一个月之后，他们基本保持了每周三到四次的约会。

紧接着，我做了下一个设置，引导男生投入精力成本。我们发现男生没有什么爱好，于是让女孩请男生陪自己一起玩狼人杀，慢慢地，男生还喜欢上这个游戏了，因为他赢得多，自我感觉非常好，有时候他还主动找女孩说要去桌游吧组队。同样的，我们又开始设置其他的爱好，让两个人更加"同频"。

这样的情况持续了半年的样子，男生主动向女生求婚了。求婚的时候男生说："相处三年多，这半年是我最开心的时光。我发现了一个多面的你，每一面都很美好，我不想错过，我真的等不及要想和你一起走完以后的路了。"看得出来男生还是真心爱对方的。

我们来看这个案例，虽然操作和设置的时间线比较长，但是回顾来看，他们两个人的问题还是很清晰的，

一方面是因为男生时间和精力投资太少，而女方又并未找到根本症结，导致男生渐渐失去投入的主动性和积极性；另一方面，也是因为两个人虽然很爱彼此，但是缺少更多的时间去真切地了解对方，从而造成男方无法坚定选择。

现在，男生在不断投入时间和精力之后，更加了解女方，并且和女方建立了更多的相同习惯，自然也坚定了他进入婚姻的意愿。

我的老婆有个自由的灵魂

我们再来看另外一个例子，这次的主角是一位主控制的理性思维型男生，他想要搞定的是自己的感性思维型老婆。

他们已经结婚三年多了，但是一直没有要小孩。结婚后老公忙于工作，准备给以后养孩子存一笔钱，所以就忽略了那段时间老婆的感受，而老婆又是一个很需要感情支撑的人，于是就开始频繁地和闺密出去旅游，周末也腻在一起，渐渐地老公发现老婆对自己和家庭的关心越来越少了。

有一次家里挂的一幅画掉下来碎了，老婆也没有再买，之后老公过生日，老婆连一件礼物也没有准备。老公这时发现夫妻俩的问

题已经不是小问题了，就跟老婆说：你不要天天在外面玩，也要收拾一下家里，把心思放一些在你老公身上。

理性思维又大男子主义的人说话就是这样的，本来他是想跟老婆好好说说事实的，想让老婆多照顾下家里，结果老婆只感受到了老公的不满意，当下两人就吵了起来，当然老公还是就事论事跟老婆讲道理，最后气的老婆搬到闺密家住了。

老公怎么劝也劝不回来，就来找我咨询，我了解到，虽然两个人结婚好几年了，但是前期，老公一直忙于工作，所以两个人没什么共同语言，感性思维型的老婆就开始把时间和精力投入到闺密身上，最后两人就发生了争吵。

其实在根源上还是老婆对老公的投入少了，老公没有找对引导老婆增加投入的方法，而是采用了很"直男"的处理方法，才导致老婆生气离家的。

那么，我们想解决这样的情况，首先要做什么？是先把老婆积压在心里的情绪释放出来，然后再引导她对老公和家庭增加投入成本。

正好，在那段时间他们的结婚纪念日到了，如果你也遇到这样的问题，要想尽办法找一个理由约老婆出来，然后在你们见面的时候，让老婆把对你的怨念都发泄出来，让她进入到一个比较好的状态，再做后面的沟通和引导。

像这个案例里，因为了解到老婆喜欢海豚，所以在结婚纪念日的那天，老公就买了三张票，两张给老婆的闺密，让她带着老婆去海洋馆，然后自己悄悄买了花，埋伏在那里。

等海豚表演的时候，闺密就借机去上厕所，然后老公就拿着花出现，这样的情境下，老婆是感到非常惊喜的，当时就哭了，跟老公开始诉苦，说：我好难受，你每天就知道工作，不陪我，还怪我不照顾家里，我觉得家里都没法待了。今天是结婚纪念日，你都没有联系我，我以为你都忘记了。

老公听完这番诉苦之后没说话，就是抱着老婆，等老婆情绪平复了之后，他就带着老婆去提前订好的餐厅吃饭。这个时候呢，之前老婆因为他生的那些气，已经全部都消了。接下来两人在吃饭的时候，老公就可以利用这个机会引导老婆对自己多一些投入。

比如老公开始就承认了自己之前太在意工作，没时间陪老婆，决定在月底两个人一起出去旅游，更重要的是，老公提出了希望要个孩子的想法，以后家里也热闹些，他不在的时候，还有孩子可以陪着老婆，老婆同意了，然后老公顺势提出一起去健身房健身，其实老公一直有健身的习惯，但是以前老婆嫌累不想去，现在有了备孕的需求，老婆自然也就答应下来了。

从这以后，老婆开始花时间主动和老公待在一起，过了一段时间，夫妻俩又讨论把家庭资产重新做一下分配，两个人一起为未来的宝宝买一个理财基金，做定投，老婆也爽快地答应了。慢慢地，两个人有了很多共同目标，老婆的状态也越来越好。

我们都知道，对待感性思维型的人，只要把他的状态和心情调整过来了，他愿意花时间和你待在一起了，他就会自主地对你投入更多精力和财力，就这样两个人的关系又恢复到了刚结婚的状态。

在这个案例里，针对感性思维型的老婆，引导的关键在于设置一个共同的目标，所有的投资行为都是基于这样的目标来操作和达成的，老婆在不断投入的过程当中，也得到了老公的认同。这本来是一个比较难解的问题，通过引导投资解决了。

我讲的这两个案例，是否在你的生活中出现过呢？如果让你来分解操作，你又会怎么来做？

3.如何构建最有效的相处模式？

看了前面介绍的理性思维和感性思维的人对于自己的伴侣投资的前后顺序，还有实际的案例，相信你已经对情侣之间的相处模式有一个自己的体会了，但是呢，对于这个到底什么才是最有效的相处模式，我有自己的理解。

之前看过演员马伊琍的采访，她当时在给电影《找到你》做宣传，然后记者问她，"你觉得这个时代对女性的要求高吗？"

马马伊琍坦然地回答："挺高的。这个社会要求女性，在外事业独立，在家贤妻良母。"

回想一下，在某些方面马伊琍的确说得没错，在我们现在这个男权社会，其实男性和女性的分工是被社会文化影响的，不可否认女性被套上了更多的框架和规则。

《向前一步》的作者谢丽尔·桑德伯格做过一项社会调查，有一条结果是，只有9%的夫妻表示他们会共同承担家务和看孩子。而在中国，女性的家务工作量平均是男性的两倍。

在我们身边大多数男人也被社会驯养出这样的思维惯性：男人对家庭只需要金钱上的支持就够了，对于感情和生活中点滴的分享是不需要男人来承担的。但是，我其实是极度不认可这样的社会分工或者被社会文化影响的男女对待家庭的思维习惯。

成功的婚姻是彼此成为支持

在我眼里夫妻或者情侣之间的相处模式应该是有两个人的思维方式和行为特征来决定的，而不是因为性别产生的分工，这样极度不合理，甚至有违人性。

试想一下，假如你的另一半是一个理性要求型的人，他对自己做的事要求很高，同时也对自身素质有一个比较高的要求，所以他能在自己擅长的技术工作中表现突出，但是呢，他的家庭希望他能赚更多钱，他觉得自己身上肩负了这个责任，所以他就辞职，去自己经营一家企业。

变成自己经营企业之后，他就发现自己很多时候更要顾全大局，更重视每个阶段的目标和结果，这样往往就会强迫他无视一些工作流程上的漏洞，这让他很难受，如果他按照自己的完美主义做事，又会让公司的项目进度延后，然后又承担更大的压力。

这说明了什么？说明他不适合去做一个企业主，而更适合做专业技术性的工作，这样就势必收入会降低。但是一个家庭的收入只能让男人来承担吗？

我还遇到过一个家庭，家里的女主人是高级知识分子，但是在他们那里的风俗，女性结婚后就应该全职照顾家庭，所以她在婚后就不再做任何工作。

这让她非常难受，因为她是一个感性表达型和理性控制型思维并存的人，这样的人有清晰的逻辑，明确的目标，同时又有很强的情绪感染能力，这样让她在家照顾家庭，她觉得自己的人生就被埋没了，然后经常和丈夫争吵，家庭也并不和睦。

所以你看什么模式才是夫妻之间最有效的相处模式？我认为最有效的模式，不是有一方必须成为另一方的"英雄"，也不是另一方只能受到另一方的庇护，而是两个人可以随时并肩作战，甚至可以随意切换"担大梁"的角色，这是一种灵活变化的模式。

说得更细致些，就是你和对方都同时掌握感性思维和理性思维，以及它们的细分思维方式和行为特征，这些都植入你们的大脑成为你自己可以随时调用的思维方式，然后你们彼此能感受到对方的情绪变化、行为变化，你们也能对此提供你们的支持。

比如对方是个理性思维的人，那么感性思维的你就要收起自己的情绪，去关心具体的事情，如果对方是真的很忙，就不要一直要求对方拿时间来陪自己，更不要去问"在你的事情和我之间选哪个"这样愚蠢的问题。

没有一成不变的相处模式，熟悉了理性思维和感性思维是可以随时变化的特点之后，你关注当下对方的思维模式就可以了。

让另一半参与进你的生活

记得谢丽尔·桑德伯格在《向前一步》中还写道："正如女性需要在职场上获得更多的权力一样，男性在家庭中也需要更多的权力。"

这句话说得没错，但换作我的理解，应该是两个人都要在家里拥有同等的权利，而那些在家里拥有绝对"职权"的人，也要学会"放权"，让另一半真正地参与进来。

谢丽尔·桑德伯格讲了自己的例子，他们的孩子出生后，桑德伯格得了乳腺炎，每天疼得死去活来，除了照看孩子，根本没有多余精力整理家务。当家里实在乱得让老公都看不下去的时候，她诚恳地邀请他一同参与到家务中来。当他将东西收得乱七八糟，碗洗得七零八落的时候，她聪明地选择了闭嘴。为了鼓励他的积极性，她还对他竖起了大拇指，表示了她对他的认可和肯定。

要知道谢丽尔·桑德伯格绝对是一个理性思维的人，她的执行力和目标感是非常强的，要不然也不可能一手撑起Facebook（脸书）半边天。她能够在家务这个领域对一个门外汉"睁一眼闭一只眼"，也是她需要调动感性思维去理解丈夫。而且这些称赞也有意想不到的结果，之后桑德伯格的丈夫愿意为她分担的越来越多，甚至还主动询问怎么给孩子换尿布。

其实有效的相处模式就是能随时切换思维，随时切换你们之前的相处模式。

要知道一个理性思维的人，就算他再怎么精力旺盛也会有累的时候，这个时候感性思维的你就需要承担起为家里大小事务精打细算的任务，如果是一个感性思维的另一半，他再怎么能给你精神上的支持也有自己心情低落的时候，所以就算你再怎么理性也要察觉到这个细微的变化，然后给对方你的关心，而不是跟你说你哪里没有做好。

这样的情况也出现在美国的前总统奥巴马夫妇身上，奥巴马体会到自己的家庭也非常需要自己，所以他要求自己每天的晚餐时间必须是属于家庭的，而不是国家。也正是因为这样他当了8年的美国总统，却从没有缺席过孩子一天的成长。妻子米歇尔也曾在个人自传中坦言，丈夫在是一位好总统之前，他首先是一位好丈夫和好父亲。

所以你看到了灵活应变的相处模式是多么重要。假如你已经掌握了我们的两性相处的思维切换的方法，但你的另一半还不知道，那么你该怎么让你的另一半也参与进来呢？

我觉得第一步应该是，转变传统意识。想要对方真正参与进来，我们必须转变传统意识，传统意识认为在教育孩子和操持家务方面，女性的能力往往超越男性，并且因为哺乳的关系，女性在育儿上具有先天条件。但是事实是，这些分工与性别关系不大，而是人的思维方式的问题。

然后是你们坐下来讨论、沟通，开诚布公地交流。你们需要将对方看成是与自己同样心理成熟的成年人，可以接受这样深度的话题讨论。

同时你们也要正视自己的能力，确定自己有能力有信心成为一起承担家庭责任的好伙伴，在遇到困难时，和对方坐下来心平气和地讨论沟通，比如这个星期谁来接送孩子，谁来准备晚餐等。

经过几次讨论后，你会发现你和另一半在行动安排和责任分担方面变成了非常默契的搭档。因为只有两人彼此分担，共同努力克服难题，才能经营出最好的婚姻。

再然后是允许分工上的"不平等"，因为每个人的思维方式不同，擅长的方向也不同，我们需要根据自己和另一半的擅长讨论分工。比如他擅长理财，那么就负责家庭的开支和财产管理，你擅长做饭，那么就负责做晚餐，同时谁的共情能力更强就负责多陪孩子玩，也能锻炼孩子的情商。

我们绝不需要刻意地将家务对半平分，因为绝对的公平是很难定义和维持的，我们更需要的是最有效的资源配置。

最后，遇事不责备。在我们训练自己和对方互换思维方式或者体谅对方的思维方式的时候，难免会有些不能完全体会到，我们也不要因责备和挑剔打击对方的积极性和自尊心。

一场幸福的婚姻，男女都需要努力经营，都需要学会和自己的另一半平等相处，尊重对方的做事方式，少些挑剔和指责，多些沟通和分享，这些虽然说起来简单，做起来却很难。

但当你一旦做了，你就会发现改变的不只是你常常抱怨的婚姻，还有你旁边的另一半，他（她）在和你并肩成长。

另一半的意义不仅仅是伴侣，他还是后盾、是伙伴、是搭档。柏拉图曾说过："我们每个人出生时都不是完整的，直到寻找到另一半，我们的人生才真正完整。"

愿我们每个人都能找到自己人生中理解并支持你，最契合的"另一半"。

第6章

让社交发挥作用

我国著名的医学、心理学专家丁瓒教授曾指出：人类的心理适应，最主要的就是对人际关系的适应。

人际交往是人获得安全感和确立自我价值感的需要。有人研究过战场上与部队失散的士兵的心理，发现最令散兵恐惧的不是战场的炮火硝烟，而是失去同战友联系的孤独。一旦一个散兵遇到自己的战友，哪怕其完全失去了战斗力，也会感到莫大的安慰，其独自一人时的高度恐惧感也会大大减轻甚至消失。

我们离不开人际交往，离不开朋友。心理学家通过研究发现了一个奇特的现象：自20世纪30年代以来，人们的金钱收入一直是呈上升趋势的，但是对生活感到幸福的人的比例并没有增加，而是稳定在原来的水平。

这说明金钱并不能简单地决定人的幸福，那些还在奋斗中，单纯地认为金钱能够带来足够幸福感的人，请你一定也要稍微地停歇一下，人际交往真的必不可少。

西方心理学家克林格做了一个广泛的调查，结果发现，良好的人际关系对于生活的幸福具有首要意义。

当人们被问到"什么使你的生活富有意义"的时候，几乎所有的人都回答，亲密的人际关系是首要的。

自己的生活是否幸福取决于自己同生活中其他人的关系是否良好，如果同配偶、孩子、父母、朋友及同事关系良好、有深刻的情感联系，那就会感到生活幸福且富有意义。反之，则会感到生活不幸福、缺乏目标、没有动力。

在这些被调查者的回答中，人际关系的重要性远远超过成功、名誉和地位，甚至超过了西方人最为尊重的宗教信仰。有一项调查表明，压抑、人际关系和谐度和人际关系压力是导致自杀的三大因素。法国社会学家指出，社会关系的丧失是自杀的主要原因之一。

在亲密关系中，有些时候我们会去揣测既然两个人感情比较稳定，如果自己多一些社交活动，对方会不会反感？保守一些的家庭，会对婚姻以外的人际交往报以敏感忐忑的心态。但是你自己可能都没有发现，我们比自己想象的还需要朋友或者新朋友。

人的社会属性决定，如果我们脱离了群体，我们的价值就无从体现，心理也会产生障碍甚至疾病。

如果长期脱离人际交往，你会对另一半的需求度非常高，渴望他的陪伴，不停地索取情绪价值，但凡遇到一点小事情，你就渴望去找对方寻求宽慰或者解决办法。长此以往会给对方造成极大的压力，也会为婚姻悄悄埋下危险的种子。

所以婚姻以外的人际交往重要吗？答案是肯定的。

特别是对于容易产生情感依赖的感性思维类型，无论你是什么样的职业和角色，你必须要有属于自己的社交，去转移和消化自己的某些负面情绪，减少对另一半的情绪依赖。

在人际交往圈中，你如果一直保持积极乐观、与人为善的态度，会拥有很多志同道合的朋友，你们会在相互欣赏、陪伴的过程中共同成长，这也会为你的婚姻带来更多的活力。并且当你有自己的社交圈的时候，你和伴侣之间会保持一个相对和谐的距离，减少摩擦与矛盾。

所以记住，在亲密关系中不要把对方当成垃圾桶，肆意宣泄你负面的、消极的情绪，这样的做法非常自私，如果你真的爱对方，请让他看见一个快乐的、满脸笑容的你。

1.婚姻外的社交有多重要？

我与爱人在共同的社交活动中增进感情

思维类型不同的群体，其实是可以通过社交来进一步增进彼此的参与感和认同感的，同样的，这个也有顺序。

我们一起来回顾一下理性思维型和感性思维型的行为管理策略和影响策略的内容，我建议你只看你伴侣的类型，或者自己的类型，暂时不要每一条都看，熟练了彼此类型的策略方法，再去了解其他的类型。

一、行为管理策略

（1）针对理性主控制型的行为管理策略。他的行为都是围绕达成自己的目来进行的，因此，你需要围绕目的进行分析，解决问题达成目标是对他最有利的。

（2）对理性主要求型的行为管理策略。他的行为围绕条条框框进行展开，每一个细节都对他很重要，这样让他比较谨慎，让每一个细节达成他的要求，他才会慢慢放下他的谨慎。

（3）针对感性主表达型的行为管理策略。创造能够让他自由表达的环境非常重要，他需要的是舞台，需要的是聚焦，你需要的是给他这样的机会。

（4）针对感性主感受型的行为管理策略。创造能够让他当下放松和开心的机会非常重要，他活在当下，你需要养成对方只有你可以给予这样感觉的印象。

二、影响策略

（1）针对理性主控制型的影响策略。他期望更多的人知道，你对于他的肯定，但是不希望他们知道太多关于这些肯定的细节。

（2）针对理性主要求型的影响策略。他期待你实质性的肯定，得到相应的利益，或者具体的付出。

（3）针对感性主表达型的影响策略。他期待你能够事无巨细地告诉他，你对于他每一件事情的肯定，也期待你和他分享你的故事，只要是正面、积极的，他都期待。

（4）针对感性主感受型的影响策略。他需要你不停地认可和肯定，因为他没有太多的安全感，但是不喜欢你太刻意表露这些。

你会发现，针对理性思维型的人，社交的关键是参与感，针对感性思维型的人，社交的关键是认同感。那么，在日常生活中，我们应该如何引导呢？

2.如何让他/她自愿融入我的社交中？

不同思维类型的人在社交中希望达到的目的，有本质的不同。理性思维型人在参与社交活动前，大多数有明确的目标，比如：认识一直希望认识的人，或者其中有一个人是他们公司的重要客户。

总之，对于理性思维类型的人来讲，如果这场聚会能带给他实际价值或利益的人或事，他们会欣然赴约。

那么如何让一个理性思维型的人，跟你一起去参加活动呢？首先我们要分情况处理，分清楚他是控制型，还是要求型？

如果是控制型的人，想让他心甘情愿跟着我们去玩，就要搞清楚他有哪些做事的目标，帮助他在这些社交中实现他的目标。

如果是要求型的人，就要知道他对这个活动的看法是什么，他在意的或者不喜欢的点是什么，邀约的人需要从这些细节上打消他的疑虑，这样他才可能愿意去参加。

所以总结来说，对于理性思维的人参加社交活动，关键是让他产生参与感。

参与感是让对方融入的关键

我们来看一个具体的案例，看看一个理性思维与感性思维共存的女生如何让她纯理性控制型思维的男友陪她一起参加驴友组织的户外活动。

这个女生是个资深驴友，但是她的男友对户外活动完全不感兴趣，无论女生怎么劝男友，男友都是"懒得动"，其实针对理性思维的人，我们知道他的社交关键是参与感，这就需要去设置一个能够让他产生参与感的环节，具体要怎么做呢？

举个例子，你可以问他，"哎，你最近有没有什么烦恼的事呀？"他可能就会跟你讲工作中遇到的问题，或者生活中遇到的、乱七八糟的事情，他给你"吐"的这些"槽"，你听着就可以了，因为你给不了他解决方案，但这时候你可以抛一个话题出来。

你可以说，"我最近加了一个群，群里是一些户外爱好者，他们经常举办线下聚会，我觉得还挺正能量的，里面有一两个人我还挺熟的，那两个人好像还跟你是同行呢，我觉得你们可以认识一下，如果你去参加这个聚会，他们可能会对你有一些帮助。"

如果你这么去跟他讲，他就会因为有现实利益可以得到，而开始考虑要不要参加。

等到了活动真正开始的时候，你也要去征求一下他的意见，"你看我们是参加他们这一期的活动，还是下一期的呀？"

　　因为你想要求理性控制型的人做一些事情的话，还有一个细节需要注意，就是你要考虑到他对事情的一个控制感。所以，你要告诉他具体的情况，然后由他来做这个决定。

　　你可以告诉他如果是这一期的话，有哪些人，下一期的话有哪些人，那他可能就会给你一些建议，就会感觉到不是你拉着他去的，而是他自己想去的，这样他至少已经决定要跟你一起去参加活动了，就是一个非常好的开始。

　　但是，这也仅仅是一个开始，在参加活动的时候，你也要辛苦一点、努力一点，让不善于社交的男朋友感受到他在这个活动中的参与感，体会到参加社交活动的快乐，这才是重点。

　　比如，当天，大家都到了野外的集合地点，你就要主动给大家介绍你的男朋友。这个介绍就非常重要了，相当于你直接给你的男朋友树立了一个人物形象，既然他希望能在这次活动中认识一些同行，就也要说一下他的职业。

　　当然，你也要把你的"驴友们"也给你的男朋友介绍介绍，这个介绍就可以你们私下选些重点的人介绍一下就行了，毕竟你的男友是很希望交同行的朋友的。然后你在集体活动的过程中，就要带着男友和他想认识的人组队，但是最好不要做得太明显，这样目的性太强也会让男友不好意思。

　　在活动的过程中，你也千万不要主动搭桥，让男友跟他想要认识的人说话，就等男友主动开口，然后你在旁边帮腔就可以了。

等到男友已经和他们聊熟了之后，你记得要给男友他们一些私人空间，所以这个时候，你可以去跟你的姐妹们一起活动。

总之第一次带男友出来社交，的确是一些累的，你要注意和考虑的东西比较多，但是一旦在这次活动中，男友实现了自己的目的，也体验到了乐趣，更重要的是他发现了一个很有能力、有想法、有行动力的你，这会让他重新对你产生认知，也就增加了你们之间的好感。在这之后，若你们还有类似的社交活动时，男友都会愿意参加了。

这个案例里女主人公之所以能邀约成功，其实最关键的一点就是时时刻刻都考虑到了理性思维型男友的行为特征，也就是他要自己觉得自己是对这件事情是有把控的。

在最开始的邀约里，其实我们也用到引导沟通里的"大圈套"和"小圈套"。首先一个问题，抛出一个"大圈套"，我们知道了男友的目标是什么，然后再扔一个"小圈套"，这次的活动中能实现男友的目的。

这时候男友就已经成功地被吸引了，他找到了自己在这个活动中的参与感。

关于参与感怎么具体落实，还要看在活动进行中，女友怎么给男友助攻，一旦女友顺利完成助攻，男友一定会对女友刮目相看，也就增加了好感，最后能和男友在同一个社交范围里，是比什么都要好的感情黏合剂，你们可以除了生活琐事之外，还有很多可以聊的兴趣爱好，就不愁没有话聊。

老婆，来组队吧！

针对感性思维型的人，他们的社交关键是认同感，也就是说如果你希望一个感性思维型的人融入你的社交中，那么你的朋友给他感觉是最重要的，他需要对你们做的事情有认同感。

如何解决这个事情呢？如果你想要搞定的人是感性表达型的人，你就要给他们营造一个可以自由表达的空间，他们需要的是聚焦，请把你的注意力聚焦在他那里，对方就会觉得开心。

感性主感受型的人就是需要一个当下能让他开心和放松的机会，他们一般都愿意把事情放在心里，所以更要你主动感受到他的感受，他才愿意跟你分享自己的情绪，如果你一直没有体会到他的感受，那么你们的这段关系很可能就会出现危机。

我曾经有一个学员，是一个理性控制型的男生，他非常喜欢打游戏，经常会邀请一两个男性朋友来家里组队，一起玩，他们呢，也不喜欢去网吧，因为觉得网吧不如家里自在。

他的老婆是一个感性表达型的人，每次看见他们在家打游戏就烦，事后总会跟他吵架抱怨。男生很爱他老婆，但是也很爱打游戏，所以一直试图跟老婆把道理讲明白，但是他老婆一直觉得他就是不在意她的感受，自己不喜欢的事情，他还一直做，就跟男生生闷气，男生发现怎么越解释，夫妻情况越来越恶化了，就来向我咨询。

其实解决这个问题最简单的方式，就是让老婆也喜欢上打游戏，然后就可以大家一起组队玩了，男生也是这么想的。

于是，我们就按照这个目的，开始教男生操作思路，因为他的老婆是感性思维表达型的人，所以她跟老公提出少叫朋友来家里打游戏，背后的目的应该是希望下班后的时间，老公能把注意力放到她身上，而不是游戏身上。

知道了老婆的真实想法之后，我建议男生回家先关心一下老婆在做什么，等看到老婆心情好了，再开始下一步的操作。

在跟男生沟通的时候，我了解到他老婆喜欢漂亮衣服，所以建议他趁老婆心情好的时候，开始插入游戏的话题，顺便给老婆看游戏里一些女性角色的图片，里面有展示服装的，有释放技能时带着特效的，然后问老婆这个人好不好看。

因为他老婆喜欢漂亮衣服，所以非常自然地就将注意力放到了这些图片上，她每看一张，就惊呼："好好看呀，怎么这么好看？"就这样，男生顺势说："你想玩这个角色吗？我带你玩吧，你看商城里还有好多好看的衣服，都可以买。"于是他老婆就很开心地接受了。

男生给他老婆注册了一个游戏号，让她选了一个喜欢的人物，接着给这个人物买了衣服，他老婆喜欢得不得了，就一直想操控这个人物，男生也顺理成章地获得了机会，带着老婆一起玩游戏。

因为他老婆是表达型的行为特征，喜欢自由表达自己的想法，同时希望获得别人的关注，所以在刚开始的几天，男生就没有自己玩，而是带着老婆熟悉游戏操作，听老婆讲她觉得这个游戏怎样，老婆看到老公陪着自己玩，也觉得很开心。

等老婆熟悉了游戏操作之后，男生又叫了一个朋友来家里，三个人一起组队玩，带着老婆体验了一下。

老婆的游戏技术没有那么好，又没信心，所以组团总拖后腿，但老公一点儿没有抱怨，反而会及时过来救她，耐心地指导她走位，释放技能，慢慢地，老婆上手了，几个人组团作战的成绩也不错。

这样老婆就彻底体会到了游戏的乐趣，对老公打游戏的爱好自然表示理解。后来，老婆还会主动约老公一起玩游戏，还认识了很多老公游戏圈子里的朋友，他们再也没有因为游戏吵过架。这样在两个人的生活方式上，他们又共同向前走了一步。

其实像这样的情况，假如发生在一个感性主感受型的老婆身上，处理的方式就会有些不同了，因为感性主感受型的人，他们通常需要别人的关注，但是基本上不会表达出来，需要你去发掘，去深入。

如果你想让感受型的老婆喜欢上游戏，那么你在带她玩游戏的时候，要把注意力放在对方身上，注意她的感受，也适当表达自己的感受。

举个例子，如果她要被出局时，你完全没有在意，和朋友玩得开心，她会自然而然地觉得落寞。反过来，如果你注意到这一点，并且大喊："老婆，我来救你"。那么这对她来说就是非常好的感受和体验。如果你可以再加上一句"第一次能打成这样很不错了，我之前第一次玩，被杀得片甲不留，超傻的。"在这样的情况下，她会对"游戏"产生正面情绪和感受，多来几次，就会慢慢接受游戏和打游戏的你。

最后简单总结一下，如何对待主感受和主表达的另一半。

主表达型的人会主动说自己的想法，你听就好了，让他知道你的注意力在他身上，他就可以继续开心下去，而感受型的人，因为不太主动表达自己的想法，所以就要你多说自己的想法，多关注对方的反馈，再从中判断对方的内心真实想法和感受，只要感受是正面的，她就不会再排斥游戏和玩游戏的你。

第7章

爱情中如何让对方"听我的"？

我一直推崇的是行为习惯的养成，而行为习惯养成的核心是让你养成一种思维习惯，并通过观察来选择适合自己的行为策略。当我们知道如何针对性引导沟通和化解矛盾，以及如何设计彼此交织的事件之后，有一个问题就来了，我们的生活真的需要这么复杂和麻烦吗？为什么两个人不能够按照自己认为舒适的方式来生活呢？

如果你真的有这样的困惑，那么我想告诉你，其实两人相处是否舒适，是否和谐，除了运用我们的方法去解决主要矛盾外，还有一个同样重要的方式，可以让你们彼此的关系更容易磨合，更加亲密，那就是积极的自我心理暗示。

1.幸福的爱情从暗示开始

你的鸟怎么死的？

心理学家詹姆斯送给朋友卡尔森一座精美的鸟笼，卡尔森将鸟笼带回了家。此后，一旦有客人来访，都会问卡尔森："你的鸟是怎么死的？"这让他很无奈，久而久之，他只好自己主动买了一只鸟，这就是——"鸟笼效应"。

其实这就是一种心理暗示，对来访者来说，一种定性的观念在他们的脑海里，就是：鸟笼一定是用来装鸟的。所以当他们看到没有鸟的鸟笼，会觉得异常奇怪，便会心理暗示：一只没有鸟的鸟笼，一定是因为鸟死了。而他们的这种不断的暗示影响到了卡尔森，最终卡尔森也认为，鸟笼应该是用来装鸟的，故而去买了鸟。

看起来像是一个荒诞的笑话，但的确是一件真实的事情，当一个鸟笼在那里时，我们就会不由自主地装东西进去。很多时候我们又怎么不是在自己的心中挂了一只鸟笼呢？

这件事情告诉我们内心暗示的强大，你认为是就是，你认为不是就不是。

在亲密关系当中，我们或多或少都会用到自我暗示的方法去看待自己与伴侣的关系。例如，你们才开始谈恋爱的时候，大部分的时间其实不是见面，而是打电话发信息，如果对方晚了一点回复你，又或者你晚一点回复对方，你们都会想："他到底在干吗，是不是没有我在意他多呢？"

这种想法和情绪，会让你无法安心工作或者学习，你会烦躁不安，患得患失。这种想法最后又容易引发双方的矛盾，影响和谐。

接下来，当两个人更加了解彼此之后，因为知道对方这个时间点可能是最忙的时候，你们彼此都会暗示自己："没有关系，他在忙，我知道他心里是有我的。"

偶尔出现这样的情况，双方就都能理解彼此了，心里自然也不会焦躁不安，或者指责对方。你看，同样的情况，积极的自我暗示往往都能起到正面的作用，最后的结果也就完全不一样。

我常说，如果你内心的声音常常告诉自己"我爱他"，那么你一定很爱他；如果你暗示自己"我也没有多喜欢他"，那么你一定就渐渐不爱他了。只是理性思维型的人会找出很多爱和不爱的理由，而感性思维型的人会纠结于爱和不爱的感觉，被自己的情绪主导。讲到这里，回顾一下你的经历，是不是又开始自我暗示了呢？

2.别闹！负面暗示正在毁掉你的爱情

"爱称"也可以毁掉你们的感情

你给你的女朋友或男朋友取过绰号或昵称吗？你会不会叫对方小胖妞、小丑鱼、大胖子……注意，这里面都有不太好的形容词。

如果你给对方取这样的爱称，并且经常在对方的耳边呼唤他，会渐渐给他一种心理暗示：我可能真的很胖，也许我站在人群中真的很丑。你的爱人可能在你面前慢慢不敢穿修身的衣服，或者不敢当着你的面卸妆。

这样的暗示慢慢让对方越来越不自信，丧失对自己的信心后，渐渐可能演变成另一种暗示："我配不上你"或者"你可能会离开我"。而因为这样的心理压力，他内心开始变得焦躁不安。

良好的亲密关系产生的结果应该是双方内心获得丰盈与快乐，但是这种看似不经意的称呼会一步一步损耗对方内心的能量，甚至可能是一种对自尊心的打击和对人格的否定。

　　如果你叫对方"小迷糊"或者"调皮鬼"这类不带贬损意思的词，反而可以是你们独特的爱语。

　　我有个朋友小囡，她是以感性思维为主导的类型。她和男朋友在谈恋爱的时候，男朋友叫她"宝贝"，后来改称"媳妇儿"，到结婚后就称她"大老虎"，最后就以"智障"称呼她。这样称呼的变化，仿佛可以看见他们感情的变化——从你侬我侬到剑拔弩张。

　　结果，他们结婚不到三年就离婚了，是小囡主动提出的，后来我跟她聊天，她还是会反复说：真的很讨厌他叫我智障！

　　如果你的另一半是感性思维类型，千万不要以这种方式称呼她，她会无比在意和敏感。他们的婚姻虽然不单单是因为称呼而破裂，但这样的结果依然值得反思。

　　我们每个人的内心都渴望被爱和尊重，如果你每天都用积极的、充满阳光的词语称呼感性思维型伴侣，比如"宝贝""乖乖""小可爱"等这样充满浓浓爱意的昵称，对方会暗示自己："我真的让他觉得很贴心""他认为我很可爱"等。

　　你们的每一天也会在这样积极的心理暗示中度过，你也会变得越来越快乐，何乐而不为呢？

　　当然如果你爱人是理性思维型，对方未必喜欢这么肉麻的称呼，除开他的姓，直接叫他的名字也是一种不错的选择。

我父母结婚四十几年，我很少听到他们称呼彼此"老公老婆"或者"孩子他妈""孩子他爸"。

我母亲是理性思维型，父亲是感性思维型，我经常听到母亲叫父亲："嗨""喂"，很多时候很大声，父亲总是会不耐烦地说："我没有名字吗？'嗨'是什么东西？"我常常哭笑不得，想着可能是他们那一代人羞于表达对伴侣的真实情感吧。

虽然母亲很爱父亲，但这样的称呼难免会引起争执。后来我建议他们在对方的姓前面加一个"老"字，比如姓李就叫老李。果然这种称呼让他们彼此亲昵感增进不少，再也没有为此而起争执。

生完孩子，我不想碰她

我的一位咨询者告诉我，他的妻子自从生完孩子以后，身材走样，还留下剖宫产后的瘢痕，身体不再像以前那样有吸引力了。他在妻子生产之后近一年的时间，都不曾与其有过夫妻生活，这让他既苦恼又自责。

他和妻子都是以感性思维为主导的类型，彼此的感觉对他们来说很重要，所以这件事情之后，妻子的内心也很受伤，丈夫更多的是无奈和愧疚。

我问丈夫：你爱她吗？

丈夫很肯定：爱！她善良，持家，还为我生儿育女。

我问：你当初是只看重她的外貌和身材吗？

他答：当然不是，我当初断定她会是个好妻子、好妈妈。

我问：那现在她的内在有什么变化吗？

他说：没有，她依然是个好妻子、好妈妈。

说完，他沉思了一会儿。

我告诉他这样做：在内心每天都默默地告诉自己，我爱我的妻子，她善良、聪慧、体贴，她是个很棒的女人，我爱她，我娶她就是我一辈子做得最正确的决定，在未来的时间里我都要好好爱她的身体，爱她的灵魂。

这些话在内心说出之前，一定要集中一切注意力，把它当作一个无比神圣的使命来完成，在说的时候内心要非常坚定。

过了不到一周的时间，他来感谢我，暗示的方法帮助了他，让他变得更加坚定，也拯救了他的婚姻。假如你也遇到这样的困扰，如果你是理性思维类型的话，同样可以在内心默默告诉自己，你的另一半为你付出的细节让你感觉很好，你应该珍惜。

你怎么这么笨？

小敏和阿凡是相处一年的情侣，小敏是感性主感受类型，阿凡是理性主要求类型。在前六个月热恋的时候他们都相处得很融洽，半年后他们住到了一起。

住在一起后，阿凡发现小敏很粗心，常常忘记东西，或者不小心打坏东西，前几天切菜还把菜刀直接放在桌子边缘，结果掉下来划伤了自己的脚。阿凡是个完美主义者，他不希望生活中常常出现这样的纰漏，他经常都在提醒小敏，结果是越提醒，越糟糕。

我问阿凡你怎么提醒的？阿凡说："我常说'你怎么这么笨？连这种小事情都做不好。'然后我会让她走开，我来帮她做。"

"你怎么这么笨""你做不好，我来教你""你看隔壁家的孩子多懂事"，这应该是许多家庭中都会出现的对话，无论是亲子之间，还是夫妻双方，都有可能会彻彻底底伤害一个人，抹杀对方的自信心，会渐渐对对方产生非常消极的影响，从而让对方自我怀疑，进而自我否定。

比如阿凡在一次又一次地对小敏说"你怎么这么笨"的时候，小敏会在潜意识里产生"我很笨吗？"的想法，到后来再犯错的时候会暗示自己："也许他说的是对的。"

屡次发生的时候她会确定："我真的很笨，我什么都做不好。"加上小敏是个敏感且脆弱的感性主感受特性的人，最后很有可能她会暗示自己："我是个失败者。"那么这个时候问题就很严重了，极端的情况很容易产生焦虑症甚至导致抑郁。

我在想小敏现在的状态一定是患得患失，有强烈的不安感。我让小凡描述了一下她女友现在的状态，他说："她现在喜欢抱怨，对我们的生活状态，以及对我都非常不满意，虽然我尽量在满足她的愿望，但是还是没有太大的改观。"

我建议他：在对方做了粗心的事，或者犯了小错误的时候，将你所有的指责和批评全部换成其他积极的语言，比如将"你怎么这么笨"改成"没事，你那么聪明，下次一定会做好的"，将"你做不好，我来教你"改成"你不用我教都能做好，相信自己"等。

虽然这是一个漫长的过程，但你如果希望自己的生活变得积极快乐和谐，那么你必须坚定信念，行动起来，让你的爱情从正向的语言开始。

因为你的爱人是感性主感受类型，她是一个容易受影响的女人，所以在做出行动的时候要坚信，你希望她快乐，她就一定能快乐起来。你的语言能够深深影响她，这种影响超过你的想象。

理性主要求型的阿凡虽然保持着严谨的态度和完美主义，但还是接受了我的建议，从语言开始，渐渐做出改变。

小敏接收到了积极的能量，也慢慢被这种积极正向的态度所感染，逐渐在阿凡面前变得自信起来，回到了最初的状态。

我最后一次看到小敏，是她正在春光满面地打理家里新添置的鲜花，还在和他们养的狗狗说着我听不懂的话，看起来幸福极了。

那些动不动就提分手的人看过来

"我们分手吧。"

这句话仿佛是捍卫主权、夺回自尊的撒手锏，好像不用这种方式刷存在感就会让对方觉得自己是个透明人。说这句话的时候心里还在暗爽："看你还敢忽略我，看你还敢不敢这样。"其实你并不是真的要分手，你只是想告诉对方："该重视我了。"

是的，你在索取情绪价值，而且是"暴力"索取，就像图谋不轨的人勒着你的脖子向你索吻一样，难不难受？如果你是常常喜欢提分手的人，那么你肯定是感性思维类型，很有可能是感性主表达的类型，这类人情绪化非常严重，情绪来了，希望对方重视自己，不重视就分手，情绪没有了，又觉得好像没有什么大不了。

但你是否知道，你每提一次分手，你伴侣的内心就远离你一公里。虽然对方的确会因为舍不得而再三挽留你，甚至不顾尊严地来挽留你，但是无数次后呢？对方还会像之前那样反复上演挽留戏码吗？你想多了。

很多情侣或者夫妻在经历太多这样的桥段之后，都会发自内心地说出一个词：心累，也常常源于这些防不胜防的"分手战术"。对方觉得累，你知道是在传递什么信号吗？他的潜台词是"我好想逃离这个鬼地方"，而这个"鬼地方"就是有你的地方。这时候他会自然而然地遇见"薰衣草圣地"，爱上那些暂时让他不累的人。

这样的无下限暴力索取情绪价值的招数，只会让你得不偿失，最终追悔莫及，你种下什么样的因，就会得什么样的果。所以不要傻傻地去埋下一颗"分手"的定时炸弹。

为什么会这样呢？这同样源自你对他"摧毁式"的心理暗示。

你第一次说分手的时候，他肯定会反思自己哪里做错了，当然还没来得及想清楚哪里做错的时候，他已经在你面前认错了，他会说："别这样，我一定是哪里不好，别离开我，我都改。"

后面你们又出现新的问题，你继续使用这个你认为的撒手锏时，他也一定在暗示自己：我在认真改你还是想分手吗？你不爱我吗？当然数次之后，他内心的潜台词是：你真的要离开我，你不爱我。最终的暗示是：我不值得被爱，我很失败。

他不会留在一个让他充满挫败感的人身边，他不会快乐，你们也不会幸福。

所以，如果你是一个经常提分手的人，希望你能够认清现实，如果没有想好，千万不要用宣告分手这种方式伤害你们的爱情。如果你爱他，请在他偶尔疏忽的时候给他积极的、正能量的、肯定性的语言去暗示他、引导他。

分手往往是对方内心的最后防线，如果你一而再再而三地触碰对方的底线，不断犯忌，只会使他胆怯和不安，从而真正结束这段感情。

美国著名人际关系大师戴尔·卡耐基曾经说过，要改变人而不触犯或引起反感，那么，请称赞他们最微小的进步，并称赞每个进步。

第8章

高效对话到底有多重要

爱情就是一场博弈，在这个没有硝烟的战场上，每个人都想要成为胜利者。想要让对方听自己的，想要让对方对自己百依百顺，但是成功的人却很少。为什么呢？

原因很简单，因为你强制的态度让对方觉得自己被冒犯，从而产生抗拒的心理，故意和你对着干，即使觉得你说的有道理，也要硬着头皮抗拒。

在情感相处的实际操作中，如何让对方在感情中听你的，其实是一门学问，接下来我就告诉你如何去运用这些技巧。

1.学会对不同的人说不同的话

这个理论还可以让你加薪！

接下来我们来做一个互动。

马上年底了，公司的人事主管找你谈话，他其实想通过和你的交流，来判断是否给你加薪，这在很多公司都是年底例行的谈话。人事主管首先肯定了你对于公司的贡献，也指出了一些你工作上的不足，整个过程有轻松也有尴尬。在和人事主管交流了之后，想想看，你会有什么样的反应？

如果你是理性主控制类型，你一定会想："为什么我的直接上级没有找我？是为了避免尴尬吗？"然后你也就不会多想什么，该干吗干吗。

如果你是理性主要求类型，你一定会想："刚才说的那些问题，有一些让我莫名其妙啊，是为了批评我吗？"然后你会找机会再去和人事主管理论："问题我有，但是贡献我也有啊。"

如果你是感性主表达类型，你回到自己的位置，可能还等不到下班，人事主管找你谈话的内容，你周围的同事就都知道了。

如果你是感性主感受类型，应该直到晚上睡觉，你都会感到很忐忑不安，反复去想人事主管到底找你谈话的意义何在，而且又是年终，你会害怕自己是不是该赶紧做被裁员的准备了。

你是哪种类型？想想自己会是怎么样的反应呢？

其实，这位主管找你谈话的本意是好的，因为目标很明确，就是关于加薪的一个判断。如果他是一位合格的人事主管，针对不同的人，他谈话的方式肯定就不一样了，如果我是主管，我会这样来做：

针对理性主控制类型，应该怎么说？

（回顾）针对理性主控制型的影响策略：他期望更多的人知道

你对于他的肯定，但是不希望他们知道太多关于这些肯定的细节。

做法：我会直接告诉理性主控制的员工，公司所有管理层包括自己对于他工作的认可，并告诉他这次谈话的目的就是为了判断是否加薪，希望能够直截了当地进行交流。

针对理性主要求类型，应该怎么说？

（回顾）针对理性主要求型的影响策略：他期待你实质性的肯定，这些实质性肯定包含了更多的利益，待具体的回馈。

做法：我会直接告诉他今年工作有哪些具体的方面他确实做得不错，然后告诉他，如果公司考虑给他加薪，那么希望他明年会将哪些工作完成得更好，并让他承诺是否可以做到。

针对感性主表达类型，应该怎么说？

（回顾）针对感性主表达型的影响策略：他期待你能够事无巨细地告诉他，你对于他每一件事情的肯定，也期待你和他分享你的故事，只要是关于正面积极的，他都期待。

做法：我会让他先说一下今年工作取得的成果，并不断给予他肯定，然后再让他说一下自己的瓶颈在哪些方面，然后给予鼓励。

针对感性主感受类型，应该怎么说？

（回顾）针对感性主感受型的影响策略：他需要你不停地认可和肯定，因为他没有太多的安全感，但是不喜欢你太刻意地表露这些。

做法：我不会讲他的问题，只会稍微夸大一下他对于公司的贡献，让自己主动来讲自己存在的问题，然后做出判断。

如果是这样的交流，我相信大部分人都是可以接受的，如果加薪了，会暗示自己，是自己努力得到的，如果没有加薪，也会暗示自己，确实自己还有一些事情没有做到位。

讲到这里，你应该大概明白了该怎么做能影响他人。我们以刚才这个互动的例子作为基础来总结，四种沟通方式都离不开这四个要点：第一，预设目标，是否加薪是一个目标；第二，创造情景，加薪的理由是我们创造出来的情景；第三，设置冲突，好的理由和不好的理由是设置的冲突；第四，给予结论，给予好的理由肯定，给予不好的理由否定，肯定是自己给予的，否定是对方给自己的。这就是影响他人的四大要素。

最终的结果就是，如果加薪成功，员工会认为这是主管给予他的肯定；如果没有加薪，他也会意识到自己现阶段，也许是因为工作能力还没有达到要求而不能加薪，和公司无关。同样的道理，在感情中的运用也是一样的，请继续往下看。

别傻了，改变他不如影响他

对于夫妻生活或者情侣间的生活，只要时间一长，我们肯定会陷入一个"怎么看对方都不爽"的阶段，那么你肯定就会想尽办法按照自己的想法去改变对方，但是对方一定会反抗，为什么？

因为要改变一个人原有的行为习惯是很难的，而且如果你不会方法，也不会给自己和对方设置一个目标，就容易出现问题，第一，你不知道你希望对方到底做到什么程度就好了，第二，你会采用一些更简单粗暴的方法去提出你的要求，这些都是夫妻矛盾或者情侣间感情危机的易爆点。

所以你不应该着急去改变他，而是应该影响他，然后让他自己发现自己需要改变，再自主做出这些改变。

那改变对方和影响对方的本质区别是什么呢？前者是你主动，对方被动，而后者是你主动，对方也主动，当两个人都进入一个主动自发的状态，什么事情都可以得到解决，你不妨试试，你就会看到效果。

那么我们再来看一下上一节内容里的重点：

针对理性主控制型，影响的关键是预设目标；

针对理性主要求型，影响的关键是设置冲突；

针对感性主表达型，影响的关键是创造情景；

针对感性主感受型，影响的关键是给予结论。

现在，我们一起来看看在我们的亲密关系中，如何来运用我们的影响策略。这里要提醒一下，文中案例中的操作方法请你举一反三，不要生搬硬套，因为每个人的具体情况是不一样的，这是一种思维习惯，多用几次之后，便能熟练掌握。

李女士是一个理性要求型和感性感受型并存的人，她的老公王先生是一个纯理性控制型的人，夫妻俩事业心都很强，都在自己的工作中倾注了大量心血，而对自己的家庭投入比较少。

两个人已经结婚5年，李女士的年纪也不小了，在两家父母的坚持下，李女士和王先生就要了一个孩子。

孩子出生以后家里多出很多家务，但是王先生依然跟以前一样，把大量的精力都放在工作上，对家庭照顾比较少，虽然李女士是个能力很强的人，但是遇到这么多事难免应付不过来，就算有月嫂、保姆帮忙，但是心灵上的慰藉总是不能得到满足。

李女士又是个感性感受型的人，她觉得难受了，就闷在心里，但是她觉得再忍下去就要抑郁了，所以就找到我希望我能提供一些帮助。

我了解到，其实李女士在之前已经和王先生有过几次谈话了，她都是跟老公说现在家里有哪些事需要做，我们俩分工吧，但说完之后，王先生从来也没执行过。李女士就很想不明白，她老公为什么会这样呢？感觉非常无情。

其实如果她知道她的老公是理性主控制型的人就明白了，这样的人喜欢所有事情都在自己的掌控中。

一方面"带孩子"这件事中孩子就不受控制，他也很无奈所以就选择回避，另一方面，这些事情都是由李女士主导，王先生来配合的，王先生虽然嘴上都接受，但是潜意识是不愿接受的，因为他不喜欢被别人安排着或者催促着做什么事。

所以在这件事情上，是李女士的操作出了问题，她应该采用影响策略的4个步骤，来慢慢潜移默化地影响王先生，而不是直接交代事情做分工。

那么我应该怎么解决李女士的问题呢？

第一步，预设目标，李女士的目标是希望王先生能每天下班回来跟宝宝至少有半个小时的互动，而且这个互动必须是充满爱的，动作轻柔的互动，同时，王先生也要抽出时间多陪陪自己，一周要有一天家庭日，是只属于一家三口的。

当时听到李女士提出的目标时，我也是深深感受到了李女士的要求型的行为特征，那种对细节的极致要求。当知道了这个目标之后，就要创造情景把这个目标植入到王先生的脑海中，因此我建议李女士先引导王先生进入宝宝相关的话题。

当王先生回家后，李女士便对他说，"你快来看，宝宝现在越来越像你了，尤其是眼睛、眉毛。"王先生听了，心情颇好地来到宝宝身边，和宝宝互动，李女士进一步引导，"你看爸爸一来，宝宝就笑了，真的很喜欢你啊，你有没有想过宝宝以后会是什么样子？"

控制型的人最喜欢设置目标，王先生这时候就已进入目标预设的阶段，他笑着说："宝宝应该像我，是个有能力做自己喜欢做的事的人，并且还能做好。总之，我就是希望他是快快乐乐的，不受约束地活着。"一边说着一边做鬼脸，逗得宝宝咯咯笑。

李女士旁敲侧击："我相信宝宝一定听到你说的话了，你看他多开心，我发现只要你做个动作，宝宝就会笑，你很会逗孩子呀。嗯，我觉得你应该多花些时间和他在一起，好把你的想法通过你们的互动影响给他。"

王先生点头："有道理。"

李女士这时候强调："爸爸对宝宝的影响是非常关键的，在一个男孩的性格形成中，爸爸的因素会比妈妈大很多，为了让咱们儿子个性好，你也要多和孩子有些良性互动，就是多笑，多逗他，而不是就把孩子放在旁边，然后自己干自己的事。我看到一些个性软弱的男生几乎都是童年时父亲的角色缺失。"

说这个话的时候，李女士的态度就有些认真了，而且也出现了与目标冲突的地方，就是老公希望宝宝将来有能力做自己喜欢的事，那么一定是有一个强大的心理的，但是如果没有爸爸的陪伴，孩子会变得软弱，这不是王先生想看到的场景，所以王先生为了自己为孩子许了人生目标，也就同意了李女士的说法，也就得出了要多陪陪孩子的结论。到这里李女士想实现的第一个目的就已经达到了。

李女士希望对方多陪陪自己的目的怎么实现呢？也需要重新给对方设定一个关于自己的目标。所以她这样讲，"我感觉最近状态远不如以前了，可能是经常因为整个心思都在孩子身上吧，不关心自己，所以连自己的身体都开始反抗了。"

王先生安抚："那你要好好休息，不是有月嫂吗？孩子的事情可以让月嫂多帮帮忙。"

李女士想了想，接着说："我担心自己得产后抑郁，如果是这样怎么办？"

王先生就有些担心了，开始询问："那你最近感觉自己有开心的时候吗？"

李女士实话实说："只有和你在一起的时候比较放松，你总能给我安全感，其他时候都很紧张，总是担心孩子会有意外，总想盯着孩子。"

很明显，这个情景就是一个妻子生了孩子可能会有产后抑郁的情况，如果丈夫多陪陪妻子，她心情好，可能就不会这么严重了，如果他不陪呢，那妻子很可能就会产后抑郁，为了不让妻子得产后抑郁，王先生答应多抽些时间来陪妻子。就这样，李女士的第二个目的也达到了，这就是影响策略的应用。要知道以前，李女士都是直接说："你多花些时间陪陪孩子，陪陪我！"就这样简单直接，王先生当然不接招。

所以我们总结一下，影响策略里的沟通技巧，就是先给对方预设一个目标，然后创造一个情景，在情景里把目标融入进去，植入对方的大脑，比如李女士的做法，让王先生产生了希望孩子茁壮成长，活成自己预设的样子，所以帮助孩子成长就成了他的目标，而不想让妻子得抑郁也是他的目标。

但是在现实情况中，实现自己目标的过程可能是有冲突的，比如王先生想做自己的事情，不愿意花时间陪孩子或者陪妻子，那么在这些冲突里，能实现自己的目标的，只能是陪孩子，照顾妻子，所以王先生只能选择陪孩子，照顾妻子，这也就是他自己得出来的结论，对于控制型的人来说，自己选择的目标，就一定会完成。

2.如何通过"开关"掌握话语权

设置一个你说了算的"开关"

在一段关系中，并不是所有情况都像我们预设的情景那样简单，比如，明明你已经开始让他觉得他离不开你了，但是你慢慢懈怠了，又开始用曾经自己的思维方式和行为习惯去解决问题了，又或者他已经习惯了这样的相处模式，你很难对他产生更多的影响。

这在婚姻关系中和那些恋爱一年以上的情侣之间都是常常会出现的情况，是我在从业多年经常会遇到的问题，也是一直困惑我的问题，因为事实上，总会有不如意的情况出现。

在与伴侣相处的方式没问题、沟通方法也没问题的情况下，我们怎么样渐渐掌握主动权呢？

比如你说你想改善女朋友一生气就冷战，完全不理你的现状，或者希望你的老公在你不开心的时候能及时发现，并给予你希望得到的安慰，又或者，你非常介意你的女友或男友和异性接触频繁，劝其数次也无动于衷。

你常常觉得自己非常被动，在很多时候有些手足无措，最后也许只能等待爱情之神无情的宣判。那么如何逆转我们的被动地位，让爱情往我们希望的方向发展呢？

你需要了解如何在感情中始终掌握自己的话语权。

现在，你就需要在你们之间设置一个你说了算的"开关"，无论你们现在是处于什么阶段的亲密关系，这都是适用的。只要针对不同思维类型设置相应的开关，一旦你们关系开始偏离正常轨道，又或者是已经处在矛盾爆发的初期，"开关"都可以让你重新掌握话语权。

针对理性主控制型，开关的设置在于你们彼此的边界，边界就是一旦触碰到了，就会出现情况的变化，产生不一样的结果。

比如你们关系还不错的时候，你可以通过各种方式反复传递信息给你主控制型的男友或女友，有些情况你是希望对方听你的，并不是什么你都要听对方的，一旦你们偏离轨道了，你就可以这样来给自己找理由，让对方意识到，其实是他打破了你们的边界，跟你无关。

我的学员小茹，她是典型的感性主感受类型，她和男友在一起半年，很多事情上都是她男友在做决定。去哪里吃饭，乘坐什么交通工具，旅行的时候去哪里玩儿，都是男友决定。

其实这样的方式，小茹大部分是能接受的，因为她的感性主感受特质决定了她不是一个擅长做决定的女生，但是她也希望有时候男友能听一下自己的意见，或者能在做决定前跟自己先商量一下，她认为这样会感受到被尊重。所以有时候看什么事情都是对方在做主的时候，小茹也会生闷气或者跟对方冷战。但这样的方式，他连你为什么生气都不知道，不仅不会让他有任何的改善，还会增加彼此的矛盾。

这个时候我就建议小茹必须先设置一个"开关"，告诉他，在做一些决定的时候先跟自己商量，希望对方不要擅自做主。比如突然打电话来说明天飞去西班牙，或者擅自决定今晚去吃成都火锅，让他知道，如果不和小茹商量就决定，她会很不开心的。

当然，理性主控制型的人讨厌被控制，所以你在说的时候，尽量保持平缓的语气，像是征求对方同意一样，一旦他同意，那么这个开关就生效，主动权也就自然掌握在自己手上了。

如果他不小心犯规，你就告诉他是因为他打破了你们之前的约定，是他出界了，他也会暗示自己，不是你的问题。这样慢慢就会形成一种习惯，就是他知道你会不开心，那么他渐渐就不那样做了。

记住："开关"不要每件事都去设置，设置你觉得你最介意或者认为很重要的事。

你身边的完美主义你受得了吗？

针对理性主要求型，开关的设置在于某一个细节。

比如，对方是理性主要求型，你们关系好的时候，你就可以不断指出他在某一件事情上或者某一句话上太较真了（只能是这件事情，或这句话），一旦他偏离轨道，你就可以拿这件事情来找回和谐，因为他自己心理暗示已经形成了，理性主要求型的人讲规矩重细节，而规矩和细节往往是他认的东西，其他的没用。

比如我的朋友汪建，他就是一个理性主要求类型的人。

他是个完美主义者，希望事情面面俱到，而他的爱人薇薇，恰好是非常随性的感性思维类型，在有些时候她很不喜欢她的老公去斤斤计较一些事情，因为就是对于某一件事情或者某一个观点太偏执，汪建才会在单位里不受待见。

有一次，因为在开会时和领导一个观点发生冲突，汪建不断较真想去证实自己观点的正确，结果得罪了领导，之后单位有一些很好的机会都与他无缘了。

自从那件事后，薇薇希望自己的老公能够多少改掉一些较真的毛病，通过这次教训慢慢变得和缓一些，在处理事情上也能更加左右逢源一些。

当然，汪建自己也因为这件事意识到自己的偏执，所以他也愿意去改变。不过，这个过程中薇薇如果将这件事当"开关"的话，一定要注意自己的态度，尽量不要用消极的态度去使用这个开关，不然可能适得其反。

用适当的方式，他一定会听你的，当一个人因犯错而付出代价的时候，他会开始在意周围人的意见和建议。

哪些恋人容易听你的

以感性思维为主导类型的人，他们的情绪和判断都是比较容易受外界影响的，所以这种类型的人，你想要去设置开关并试图影响他，也是很容易办到的事情。

针对感性主表达类型的人，开关设置在于他的观点。而针对感性主感受类型的人，开关的设置在于某一个场景。

我的学员李先生是理性要求型的人，他的女朋友黄女士是感性表达型的人。两个人交往了3年，没发生过什么大矛盾，但是李先生经常对黄女士"想到什么说什么"感到有些不满，他希望黄女士能改改这个脾气。

在我给出建议后，他想起女朋友和他"吐槽"过一段经历，她在大学时期有一个关系非常好的闺密，两个人经常约着逛街，后来闺密交了一个男朋友，但是她的男朋友看起来不太靠谱，黄女士就将自己的感觉告诉了闺密，让他们别交往了。

当时闺密正在热恋期，听到最好的朋友说自己男朋友坏话，当然不开心了，但黄女士并没有意识到，仍然见面就劝闺密分手，最后气得闺密和她大吵了一架。当黄女士给她发微信时，发现自己被拉黑了，她也觉得非常伤心，哭了一晚上。

就是这件事情，可以作为李先生和黄女士之间的"开关"，如果黄女士以后依旧不考虑别人感受，想到什么就直接说，李先生可以马上说，"你还记得你和你闺密的事吗？你现在是不是又在张口就说，不过大脑？"

这个时候，被闺密拉黑的经历立马浮现出来，伴随着那种伤心的感觉一起回忆起来，所以黄女士就会排斥这样的感觉，把话语权交到对方手里。

　　讲了这么多，我需要你理解的是，针对理性思维类型，"开关"是你给自己找的理由，针对感性思维类性，"开关"是你唤起你们彼此回忆的感受，一旦你设置好了这些"开关"，并让对方真正认可，很多矛盾在初期都是可以通过"开关"来进行校准的。

第9章

将爱建立在尊重和理解之上

在进入爱情的时候，每个人都会抱有非常美好的期冀与幻想，盼望着能够在感情中收获幸福，收获更完美的自己。可是在实际生活中，有太多的爱情因为不会经营，不懂得经营而沦为互相伤害的工具，没有了爱，也没有了情，只剩下一地鸡毛。

我们生活在地球村，通讯和交通方式的便捷性让我们能够结交到各种各样的人，全球几十亿人口，但是遇见一个真正爱的人却着实不容易，你与对方是几十亿分之一的缘分，与其在感情变质之后懊悔，不如从现在开始，去调整状态，只为遇见更完美的自己，遇见更完美的另一半。

1.在亲密关系中相互治愈

亲密关系是互相疗愈的灵魂伴侣

一个行为习惯的养成需要28天，一个思维习惯可能需要你用毕生的时间与精力去慢慢校正，所以尽你的力量去执行和坚持吧，相信你总有一天可以游刃有余地处理好你的情感问题。

夫妻和谐、家庭和睦是我最希望看到的，也真心希望我的书能够实实在在帮到你。或许某一天，你的成功案例会成为我下一本书的参考内容，去鼓励更多的人。同时，我也特别希望你能够运用所学知识去帮助你身边的朋友，甚至是陌生人，让我们将爱的方法传递给更多需要帮助的人。

大部分人都有这样的疑惑，我到底适合跟什么样的人在一起呢，我怎么知道对方合适不合适呢？如果我做到了理解和尊重，对方做不到怎么办？这是很多人都会面临的问题。

那么你到底适合什么样的亲密关系，适合什么样的人呢？学会不将就、不抱怨的生存法则很重要。

美国亲密关系大师克里斯托福•孟在他的心理学著作《亲密关系——通往灵魂的桥梁》里有一个核心的观点：你的亲密关系伴侣，都是来帮助你深入认识自己，进而疗愈你的创伤，最终找回真正的自己。因此，他认为，亲密关系就是通往我们灵魂的桥梁。

2015年，我有幸参加了克里斯托福•孟老师的现场分享会，和他面对面做了交流，有句话让我至今记忆犹新，分享给你："我们每个人的内心都是有创伤和伤痛的，我们每个人都是有缺憾和不完美的，真正的灵魂伴侣是来疗愈你、弥补你的缺憾让你变得更加完美的人，如果你和对方走丢了，那一定是你们身处的阶段、所用的方法出了问题，只要你有足够的耐心，有足够的勇气，你们一定会重新找到彼此。"

是的，你最亲密的人一定是那个能够治疗你内心创伤，治愈你心头伤痛的人，这种力量足以浇灌没有土壤的大树，滋养没有水的鱼儿，推动没有风的船帆。亲密关系一定是彼此滋养，彼此升华的。

我大学有一位女老师，她五十多岁，每天梳着精致的发型，穿着光鲜得体的衣服，画着精致的妆容。

当然，这一些都敌不过她随时保持着的那种由内而外会心的笑容，每次经过她的身边，我都能感觉到强大的快乐光环，那种快乐是我很少感受到的，一种平静而又强大的快乐。而我确定的是，这种油然而生的幸福感，是只有家庭，只有爱人可以为她带来的。

她丈夫也是大学老师，虽然其貌不扬，但是爱好广泛，有生活情趣，两个人有很多的共同语言。女儿虽然常年在国外，但是他们拥有彼此便足矣。

有一次我去探望这位老师，她向我推荐了一本书，她说那是她和丈夫都很喜爱的作品，是著名作家陀思妥耶夫斯基的名著《卡拉马佐夫兄弟》。其中有一句时刻警示着我们的名言：人首先是要善良，其次是要诚实，再其次是永远都不要相互遗忘。

是的，我的这位老师和她的爱人，在爱情里，他们时刻都不遗忘彼此，共同享受阅读后分享感受、交换思想的快乐，共同享受运动带来的健康，他们彼此了解，并且谅解对方，最重要的是，他们总能听得懂对方的语言，他们相濡以沫，并且知足常乐。

每当我看到两位老师的笑容，我便懂得什么才是真正的相爱，什么才是真正的灵魂伴侣。

我做情感咨询行业最大的幸福就是看到每个家庭都幸福美满，这是支撑我继续做下去的重要信念，特别是在研究出你现在学习的这套解决情感问题的操作体系之后，我更是坚信自己的信念。

我相信任何情感问题都是可以解决的，只是除了解决问题的时机外，还有方法和你内心的信念。

如果你现在正经历着恋爱或者婚姻，或者你现在正遭遇感情困惑，请你回忆一下，一开始彼此认可的两个人，甚至你会觉得他就是你生命中唯一的那个人，为什么会变成现在这个样子？

你的每一段亲密关系是不是都像系列电影一样：主角在变，剧情不变，结局也总是出奇的相似？而所有问题都指向一个核心问题：你在用你的思维习惯去分析对方，对方在用他的思维习惯来分析你。

从相爱到一起老去你必须知道的事

在这套基于理性思维和感性思维类型的操作体系里面，我们把所有的亲密关系分为四个阶段，以便于判断你们所处的阶段以及对应该阶段需要用到什么样的策略。

第一个阶段是认知阶段。

什么是认知阶段呢？认知其实包含两个方面的意思。

一方面是你们彼此会按照自己的心理暗示结果去过度认知彼此。当然，这包含了好的认知和不好的认知，如果是不好的认知占大多数，你们的关系会直接终结，不会进入下一个阶段；如果是好的认知占大多数，你们的关系会直接进入到下一个阶段。

我们常常说爱情的开始总是那么美好，其实就是在这个阶段，你们看到的彼此更多是赋予了幻想的和希望的样子，但往往对方并不是那样的。

比如你酷爱音乐，恰好对方也说喜欢听音乐，那你就会自然而然地自我暗示对方喜欢的音乐和你一样，又或者你听某一首乐曲，对方恰好觉得好听，那么你也会自然而然地认为她和你一样喜欢听这类型的所有音乐。

我和我的爱人就是这样，她非常热爱古典音乐，她跟我交流过，她说刚认识我的时候，我说古典音乐好听，她非常高兴，仿佛遇到了知音，但是当她在听《贝多芬第五交响曲》的时候，我却说："太吵了，小点声。"

她以为我喜欢所有的古典音乐，这是她对我的认知偏差。而往往这个阶段，很容易暗示自己遇到了知音，想想你和你的爱人在认知阶段初期是不是这样。

另一个方面，你们会按照对方的生活状态来认知自己的世界，如果对方的生活状态和你差异性太大，不可调整和改变，你们不会进入下一个阶段，同理，如果对方的生活状态和你差异性不大，可以调整和改变，你们会进入到下一个阶段。

比如，你们会希望了解对方的生活作息时间，吃东西的口味或者爱好兴趣，如果对方是个十足的夜猫子，不到深夜不睡觉，而你是习惯早睡早起的人，那么这将是个非常困扰的事情。更糟糕的是，如果他为了迎合你也说自己是习惯早睡早起就麻烦了，除非他很乐意改掉晚睡的习惯。

这个阶段的彼此往往是经过美化的，会刻意避开自己的缺点去夸大长处，所以最好不要在这个时候认定对方，一定要深入了解。

第二个阶段是和谐。

和谐阶段是由时间来构成的。这个阶段是一段彼此都感觉舒适的时光，会很希望把握和对方共处的机会，共同去做每一件事，以增进彼此的感情，保持甜蜜和谐。

举例来说，两个人一起相拥着看电影的一个半小时，这个是和谐期，两个人一起出去旅游，在没有发生因为住什么星级的酒店这样的争执之前，依然是和谐期。

这个阶段会在某一个时间段达成关系的平衡，但是这个平衡不是永久的，只是你们彼此暂时感觉比较舒适和放松。但你们也会产生矛盾，或者出现问题，如果产生的问题不大，你们回到上一个阶段，产生的问题大，进入到下一个阶段，那就是第三个阶段。

第三个阶段是消耗。

这个阶段也是心理学家克里斯托弗·孟所说的"权力斗争"阶段。这个阶段矛盾和争执会反复出现，你们甚至会质疑自己的选择，也会惊叹对方和刚认识的时候大相径庭，常常会问自己："这是我当初认识的那个人吗？"

不断出现的矛盾会消耗你们彼此的能量，如果问题得不到解决，又或者出现新问题，你们会一直处在这个阶段，当双方能量消耗到最低的时候，关系破裂。

认知到矛盾再到认知会经常来回反复，如果最终达到消耗的平衡，那么你们会进入和谐。消耗阶段是爱情中时间最长、难度最大的阶段，在长期的磨合中，有很多人会选择放弃，进而寻找更合适自己的对象，大部分的情感终结是在这个阶段。

所以能否处理好消耗阶段的矛盾和分歧，也决定了你们能否走到最后。

第四个阶段是共生。

共生的概念是非常抽象的，因为很容易和"和谐"搞混淆，你可以理解为翻开人生新的篇章。第二个阶段的和谐是由时间来构成的，而共生是由目标和结果来驱动的。

举例来说，结婚之后计划要小孩，你们彼此达成这样的目标，是共生，两个人商定准备一起创业，你们彼此都认可这样的目标，是共生。

这个阶段是你们都深入了解对方，深度磨合后的阶段，感情基础深厚，如果到这个阶段亲密关系依然良好，基本上可以许下长久的诺言了。

当然，这是一个循环的过程，每一段亲密关系都不可能在某一个阶段停滞不前，因为随时都有可能出现新的矛盾。

2.揭开关于爱情的秘密

从相爱到仇视的真相

举个例子，张先生通过朋友介绍，认识了自己的女朋友王女士。两个人在交往的过程中处于第一个阶段——认知，他们彼此喜欢并确定了男女朋友关系。

这个时候，他们进入到第二个阶段——和谐期。每天张先生都会接送王女士上下班，每个周末都会约会，期间基本上没有任何的争执，大概这样相处了几个月。

后来有一天，王女士选了一个合适的时机暗示张先生两个人应该结婚了，张先生却认为现在的时机一点儿都不成熟，结婚需要一大笔开支，而自己现在积蓄不够。他认为保持现在这样的关系挺好，说结婚太早了。

王女士已经28岁了，她担心自己的青春耗不起，认为张先生在拖时间、找借口，同时也担心对方是个不负责任的男人，于是两个人开始冷战，联系变得少了。那么这个时候，他们两人进入到第三个阶段，消耗期。

这个事情很快被双方的父母知道了，两家人都劝两个人不要这样，应该继续交往，介绍人也帮着说了很多好话，两个人对彼此也有感情，所以都相互道歉，重新从认知上达成了一致，关系又慢慢变好。他们再次进入到第二个阶段——和谐期。

当然，中间也有过一些矛盾和争执，因此，两个人的关系就在和谐和消耗之间循环。

这样又过了半年，发完年终奖，张先生主动找到王女士，带她去看自己悄悄购置的新房，并向王女士求婚，两个人以婚姻为目标的共生关系达成。他们进入了亲密关系的第四个阶段——共生。

我们都知道，婚姻和恋爱完全是两码事，从他们正式结婚同居开始，关系再次进入到第一个阶段——认知，他们要在婚姻状态下重新去认知彼此。

接下来的事情，就跟刚才的情况一样，两个人开始了漫长的关系循环。回顾一下，你和他的关系，是不是就是这样的？

当然每个人的思维和感受都不同，所以每个阶段，对思维方式不同的人，它的重要性是不同的，也就是每个人看重的阶段不同。

在理性主控制型人看来，认知和共生这个阶段非常重要，因为如果他发现你不是他想要的那个人，他会毫不犹豫地离开。所以，如果你的另一半是理性主控制类型，一旦你们的亲密关系循环到认知和共生阶段，你就要非常注意了，搞清楚对方的目标（你们关系中的角色定位、彼此需要做到的结果）非常重要。

在理性主要求型人看来，和谐这个阶段非常重要，因为任何平衡的打破都是没有征兆的，他会重新来认知你，同时消耗自己的能量。所以，如果你的另一半是理性主要求型，一旦你们的亲密关系循环到和谐阶段，你一定要注意的就是，他在观察你的细节，你任何的行为都可能会对他产生一些影响；

而对于感性思维类型的人，无论是主感受还是主表达，消耗和共生这个阶段都很重要。消耗能量很容易让感性思维类型的人产生情绪的波动，变得没有感觉了，特别是在共生阶段，是否能够让对方建立对你的依赖，决定了这段关系的走向。

知道了感性思维类型的人和理性思维类型的人更看重亲密关系的哪个阶段，为我们在关系出现问题的时候提供了一个不错的思路。

如果你能够理解到不同思维类型的人在不同阶段的具体表现，那么你也可以判断自己更适合什么样的亲密关系。同样，也希望它能告诉你在你的亲密关系出现问题的时候，你停留在哪个阶段，又应该怎么处理和解决。

婚姻不是爱情的归宿

任何一段亲密关系都来之不易。

就如同我所讲的四个阶段，也许你这次遇到的是理性思维型伴侣，可能你下次遇到的是感性思维型伴侣，但是你们的亲密关系进行的阶段顺序是不会改变的，并且这四个阶段会进行反复不断的循环，不断追求平衡，趋于平衡。

同样的道理，知道你们身处什么样的阶段，知道对方更看重什么阶段，你在处理问题的时候就会没有那么被动了，你完全可以适应四个阶段中彼此在角色中的变化，这个就是解决所有情感问题的终极方法。

再说一遍：适应四个阶段的变化，适时做出调整。请你好好回想一下，你和他的经历，你们走过的每一个阶段，他的每一个具体诉求，是否就如我上面所讲的那样。

这种无限反复是由我们不断变化的认知所决定的：我们对情感认知的深入，对物质认知的挖掘，对意识认知的探索，无不影响着我们认知的变化。而这种变化，便是对你和你爱人在相处过程中的一种恩赐，同时也是极大的挑战。

恩赐是：你们受到不同的影响而认知不同，且是不断变化的，这就好比你有一桌海鲜盛宴，而他有一桌粤式小点，你们可以互享美食，领略差异之妙；挑战是：认知不同，而又要努力变得趋同，权力争斗就会血雨腥风。

婚姻并不是爱情的归宿，因为无论是恋爱还是婚姻，都只是你们彼此渴望情感趋同的外壳，一旦建立亲密关系，你们也就进入无限追求趋同的轮回。但你要明白，就算你们经历了恋爱再到共同老去，也永远都不会达到完美平衡，就像你们不可能完全相同一样。

就像我的父母，他们现在六十多岁，婚姻生活也不是一帆风顺、波澜不惊。因为我工作的原因，他们两个人单独相处的时间比较多。

妈妈是强势的理性思维类型，爸爸是感性思维类型，妈妈希望大多数事情都听她的，希望父亲跟她一个"步调"，如果父亲积极配合，我母亲会很开心，这就是我母亲追求的情感趋同，她希望我爸爸和她步调一致。但是我父亲也是独立的个体，所以不可能凡事都配合她，这个时候我母亲就会因为达不到平衡而产生各种各样不好的情绪。

两个人同样是在情感的四个阶段反复来回，不断磨合，四十多年的婚姻，他们也即将步入古稀之年，却依然不断地适应情感的阶段变化。

这就像我们的人生一样，永远会有新的挑战，不会索然无味。所以在婚姻中的两个人，要不断去更新自己，谁都不能停滞不前，要让你想要携手一生的那个人感觉到，你永远有交换不完的"饕餮盛宴"。

那些遇到危机想要通过离婚或者分手这样极端手段去解决矛盾的人不在少数，如果此时此刻你正在阅读这本书，不妨换一个角度来看待两个人的关系，勇于面对未知的挑战，还是做一名逃兵？

从关系循环这个角度来讲，你和谁都会面临这样思维差异性导致的矛盾，你们都会进入到关系循环，与其逃避，与其换人，不如主动积极去修复，你觉得呢？

你应该学习如何去适应亲密关系不同时期的变化，选择权和主导权请你一定牢牢地抓在自己的手中。只有这样，你才不会迷失自己，不会去抱怨生活的不公，不会去抱怨对方不懂你。

在正确的阶段做正确的事情，彼此影响，彼此帮助，彼此成长，这个才是维持良好亲密关系的方法。

后　记
我的故事

　　我一直认为自己是一个普通得不能再普通的人，直到我遭遇了生命中第一次感情危机，然后开始学习和成长，虽然是十几年前的事情，但那种无助和痛苦，我现在回想起来也记忆犹新。

　　"伊思情感"算是国内较早进入情感咨询领域的企业了，当年提出感情修复这套操作体系，并创立这个机构的时候，我遭遇过很多白眼及冷嘲热讽，也经历过背叛，当然也有恶意差评和诋毁。

　　现在，这些人也来参与到这个行业中来了，他们大部分都是沿用"伊思情感"的商业模式，不过这并没有什么值得抱怨和炫耀的，任何存在竞争的行业都免不了会遭遇这些。

　　唯一让我欣慰和开心的是，我帮助成千上万的人挽救了破碎的爱情，当年的学员都已成家立业，有的时不时还会向我秀秀恩爱，正是帮助了这么多的人，积累了大量的个案经验，让我的理论体系才趋于完美，这套以实际操作为主的理论才得以面世。

　　我的电话换过好多次，唯一不变的是我那个带有哆啦A梦头像的微信，我担心如果我换掉了头像，那些当年帮助过的人就不认得我了，我也没有办法继续收到他们的反馈和消息了，每当我疲惫的时候，是他们鼓励和支持我，我想说一声"谢谢"。

记得2014年《人物》杂志记者采访我的时候问过我：是什么样的经历和想法促使我蜕变成现在这个样子？

我是这样跟她说的："我一直以为感情的事情只要用心就好，只要随缘就行，但是真正经历过分手的痛苦之后，我才开始去反省自己。想要经营好自己就要下定决心改变，改变自己看待世界的方式，改变与人相处的方式，最后你一定可以找到内心的平衡。"

我的感情经历和我的创业经历告诉我：永远不要让别人告诉你，你做不成某件事，即使是你自己告诉自己的也不行。

如果你有一个梦想，那就要去捍卫它。当人们做不成某件事情的时候，他们就会告诉你：你也做不成。如果你想要得到某样东西，就去努力追求！

同样的，永远不要为自己感情不顺和失败找借口，也永远不要去在意别人对你的评价，正是你自己经历的这段感情才刺激到你，让你真正意识到要去改变。

短期的改变可以带来一定的收益，而长期的坚持，会让你越来越强大。换一个思维方式去思考问题，换一个视野去看待别人，你会更容易获得成功。同样，如果你想要去追求幸福、想要把握住幸福不放手，现在还来得及。

当然，我非常乐意你把本书的内容分享给你的另一半和你身边的朋友，衷心地祝愿你，初心不变，幸福美满，再见！

胡飞宇

2021年6月